长江经济带绿色技术创新效率与政策研究

基于国际技术溢出视角

梁圣蓉◎著

中国纺织出版社有限公司

图书在版编目（CIP）数据

长江经济带绿色技术创新效率与政策研究：基于国际技术溢出视角 / 梁圣蓉著. --北京：中国纺织出版社有限公司，2024.5
ISBN 978-7-5229-1742-9

Ⅰ.①长… Ⅱ.①梁… Ⅲ.①长江经济带—绿色经济—技术革新—研究 Ⅳ.①F127

中国国家版本馆CIP数据核字（2024）第085047号

责任编辑：赵晓红　　责任校对：王蕙莹　　责任印制：储志伟

中国纺织出版社有限公司出版发行
地址：北京市朝阳区百子湾东里A407号楼　邮政编码：100124
销售电话：010—67004422　传真：010—87155801
http://www.c-textilep.com
中国纺织出版社天猫旗舰店
官方微博 http://weibo.com/2119887771
天津千鹤文化传播有限公司印刷　各地新华书店经销
2024年5月第1版第1次印刷
开本：710×1000　1/16　印张：15
字数：195千字　定价：99.90元

凡购本书，如有缺页、倒页、脱页，由本社图书营销中心调换

前言

长江经济带是我国经济实力最强的国家重大发展战略区域之一，横跨我国东、中、西三大区域，由上海、江苏、浙江、江西、安徽、湖南、湖北、四川、重庆、云南、贵州11个省（市）组成，是我国重要的生态宝库。《"十四五"长江经济带发展实施方案》提出："到2025年，长江经济带生态环境保护成效进一步提升，经济社会发展全面绿色转型取得明显进展，支撑和引领全国高质量发展的作用显著增强。"通过促进绿色技术创新进步实现绿色发展已成为人们的共识，而在开放经济背景下，一个国家的技术创新和技术进步不仅依赖于国内研发投入和技术创新，还依赖于国际技术的溢出效应。长江经济带是大跨度的经济带，推动该区域绿色、低碳发展，不仅要"加快建立绿色生产和消费的法律制度和政策导向，构建市场导向的绿色技术创新体系"，还要充分利用国际技术溢出效应，"积极参与应对气候变化国际合作"。因此如何通过国际技术外溢诱导长江经济带绿色技术创新是一个值得深入探讨的问题。本书主要研究国际技术溢出视角下长江经济带绿色技术创新效率与政策。

本书主要探讨了六个方面的问题：一是长江经济带绿色技术创新效率水平的测算和区域差异分析。二是探究国际技术溢出对绿色技术创新效率影响的机制。三是实证分析对外直接投资（以下简称OFDI）对绿色技术创新效率的影响的动态效应、空间效应和门槛效应。四是实证分析外商直接投资（以下简称

长江经济带绿色技术创新效率与政策研究
基于国际技术溢出视角

FDI）对绿色技术创新效率的影响的动态效应、空间效应和门槛效应。五是在对外开放视角下，分析绿色技术创新对长江经济带产业结构升级的推动作用，最终达到低碳发展的目标。六是分析数字经济背景下绿色技术创新对长江经济带碳生产率的影响和提升作用。

按照这一逻辑框架，本书采用长江经济带11个省（市）面板数据，在理论分析的基础上，利用两阶段价值链理论，构建长江经济带绿色技术创新效率的测算模型，将主成分分析法和数据包络分析法相结合测算出长经济带各区域绿色技术创新效率的值，分析其区域差异和两个阶段的特征，并对其进行因素分解，找出各个区域在绿色技术创新方面的短板和优势。在分析绿色技术创新的影响因素的基础上，基于Coe-Helpman模型构建了FDI技术溢出和OFDI逆向技术溢出影响长江经济带绿色技术创新效率的模型，并用动态模型、空间模型和门槛模型分别估计它们之间的关系。为了更好地促进长江经济带低碳发展，进一步分析了对外开放视角下绿色技术创新效率对产业结构升级的促进作用，绿色技术创新效率在数字经济影响碳生产率中的作用。并在实证分析的基础上，提出各地区应该制定有针对性的政策。

本书由梁圣蓉在武汉商学院经济学院完成。本书的出版受到教育部人文社科青年基金项目"基于国际技术溢出视角的长江经济带绿色技术创新与政策研究"（20YJCZH084）、湖北省高等学校优秀中青年科技创新团队计划项目"基于不确定性环境的营商环境评价与政策研究"（T2020035）和武汉商学院学科建设经费的支持。

鉴于笔者的知识范围和学术水平有限，本书难免存在不足，欢迎广大读者批评、指正。

梁圣蓉

2024年1月

目录

| 第一章　导论 | 001 |
| 第二章　文献综述 | 009 |

第一节　关于绿色技术创新的研究 ……………………………010

第二节　关于国际技术溢出对绿色技术创新效率影响的研究 ……024

第三节　关于对外开放、绿色技术创新与产业结构的研究 ……038

第四节　关于绿色技术、数字经济与碳排放的研究 ……………044

| 第三章　长江经济带绿色技术创新效率测评及因素分解 | 053 |

第一节　绿色技术创新效率的评价指标 …………………………054

第二节　长江经济带绿色技术创新效率的测评 …………………058

第三节　长江经济带绿色技术创新因素分解 ……………………064

第四节　主要结论 …………………………………………………069

| 第四章　长江经济带绿色技术创新的影响因素 | 073 |

第一节　绿色技术创新的影响因素 ………………………………074

第二节　模型的建立 ………………………………………………078

第三节　各因素对绿色技术创新影响的实证分析 ………………082

第四节　主要结论 ·· 091

第五章　长江经济带OFDI逆向技术溢出与绿色技术创新 ········ 093

第一节　模型的构建 ·· 095
第二节　实证分析 ·· 097
第三节　主要结论 ·· 129

第六章　长江经济带FDI技术溢出与绿色技术创新 ···················· 133

第一节　模型的构建 ·· 134
第二节　实证分析 ·· 136
第三节　主要结论 ·· 149

第七章　长江经济带对外开放、绿色技术创新与产业转型 ········ 151

第一节　模型构建 ·· 152
第二节　实证结果及分析 ·· 155
第三节　主要结论 ·· 163

第八章　长江经济带数字经济、绿色技术创新与碳排放 ············ 165

第一节　机制分析与理论假设 ·· 167
第二节　模型设定及变量说明 ·· 170
第三节　实证检验及结果分析 ·· 173
第四节　主要结论 ·· 183

第九章 研究结论、政策建议及研究展望 ········· 185

第一节 研究结论 ········· 186
第二节 政策建议 ········· 190
第三节 研究展望 ········· 196

参考文献 ········· 197
附录1 长江经济带技术创新效率 ········· 217
附录2 长江经济带绿色技术创新效率因素分解 ········· 222
附录3 长江经济带传统技术创新效率因素分解 ········· 227
后记 ········· 233

第一章

导论

"2030年前实现碳达峰、2060年前实现碳中和"是我国经济社会贯彻新发展理念、实现高质量发展的内在要求。"双碳"目标的实现既需要社会经济发展的绿色转型，又需要技术创新效率的提升。绿色技术创新不仅能实现技术突破，还能推动低碳产业、绿色产业发展，是"双碳"目标的关键驱动力。长江经济带的11个省（市），具有独特的生态系统，经济和人口总量占比超过全国的40%。其生态地位重要、综合实力强，是实现"双碳"目标的关键区域。通过提高绿色技术创新效率促进环境改善已成为人们的共识（Majesty，2003；Stephen，2004），而在全球化背景下，一个国家的技术创新和技术进步不仅依赖于国内技术创新和研发投入，还依赖于国际技术溢出效应。长江经济带是大跨度的经济带，推动长江经济带绿色、低碳发展，不仅要"加快建立绿色生产和消费的法律制度和政策导向，构建市场导向的绿色技术创新体系"，还要充分利用国际技术溢出效应，"积极参与应对气候变化国际合作"。因此，如何通过国际技术外溢诱导长江经济带绿色技术创新是一个值得深入探讨的问题。

一、研究的背景和意义

（一）研究背景

1.长江经济带正成为我国生态优先发展的主战场

长江经济带横跨东、中、西三大板块，经济总量和人口规模占全国的比例超过40%，具有独特的生态系统。推动长江经济带绿色、低碳发展是实现我国经济高质量发展的关键。长期以来，以习近平同志为核心的党中央高度重视长江经济带的绿色发展，并提出全面推动长江经济带走以生态优先、绿色发展为导向的高质量发展新路。当前,长江经济带生态环境保护日益好转,经济发展取得巨大成就,已成为我国生态优先绿色发展主战场。

2.绿色发展、创新发展是促进长江经济带经济高质量发展的主要途径

自《长江经济带发展规划纲要》正式实施以来,确立了以"生态优先、绿色发展"的理念,走出了一条新路,这条新路符合新发展观。近年来,长江经济带形成了一批竞争力强、影响力大的优势产业集群,例如以上海、浙江、江苏为主体共建的长三角国家技术创新中心和制造业研发高地。近年来,重庆通过发展数字经济、先进材料、智能网联新能源汽车等低碳产业,单位地区生产总值能耗年均下降2.9%。江西围绕稀土、锂电、新能源等新兴产业,初步建立了现代产业体系。长江经济带要实现经济高质量发展一定要平衡好经济增长和低碳发展的关系,实现"碳达峰、碳中和"目标不能以牺牲经济增长和降低人们生活水平为代价,要实现全面可持续发展。

3.绿色技术创新是推进长江经济带低碳、绿色发展的重要引擎

长江经济带贯彻落实"生态优先、绿色发展"理念需要推动产业低碳转型,发展绿色产业,促进绿色转型发展,提升绿色技术创新效率。绿色技术创新通过推动产业绿色转型升级,提高资源利用率,加快能源消费低碳化,促进高技术产业快速发展。

(二)研究意义

1.理论意义

(1)有利于测算长江经济带各区域的绿色技术创新效率值,根据测算结果有针对性地提升长江经济带各区域的绿色技术创新效率。主要做法是将环境因素纳入技术创新过程的投入、产出框架,将绿色技术创新活动分为绿色技术开发阶段和绿色技术成果转化阶段,测算各区域绿色技术创新总效率和各阶段效率,拓宽绿色技术创新效率测评的视野。

(2)有利于通过构建国际技术溢出与绿色技术创新效率的理论模型,探

讨提升长江经济带绿色技术创新效率的路径。基于Coe-Helpman模型，将国际技术溢出分为直接和间接两类，构建国际技术溢出的计量模型，从提升长江经济带绿色技术创新效率的路径上研究二者之间的动态演进关系。

（3）有利于寻求国际技术溢出与长江经济带绿色技术创新效率提升的协同路径。探究长江经济带绿色技术创新效率发展进程中的不同阶段国际技术溢出对技术创新效率影响效果的差异，有利于寻求国际技术溢出与绿色技术创新效率提升的协调发展路径。

2.实践意义

（1）有利于挖掘并提升长江经济带绿色技术创新效率的潜力。在对长江经济带各区域绿色技术创新效率进行测算的基础上，估计国际技术溢出对绿色技术创新效率的影响，探究由国际技术溢出的区域差异引起的区域绿色技术创新效率改善或者损失的程度。

（2）有利于为长江经济带绿色技术创新的驱动模式提供标准和参考依据。基于空间溢出视角探讨国际技术溢出效应，为充分利用空间技术溢出对长江经济带绿色技术创新的积极效应提供思路。对国际研发资本技术溢出及长江经济带绿色技术创新效率的门槛值进行测算，为提升长江经济带绿色技术创新效率提供较为具体地标准和依据。

二、研究思路

本研究主要研究思路如下：第一，在文献综述的基础上，构建长江经济带绿色技术创新效率的评价模型，基于两阶段理论，将技术创新活动分成绿色技术开发阶段和绿色技术成果转化阶段，将环境数据纳入评价模型，利用长江经济带各省（市）面板数据，利用DEA测算出各阶段和各区域的绿色技术创新值，并进行比较分析。第二，分析了影响绿色技术创新效率的因素，并利用动态GMM模型、空间杜宾模型和门槛模型分析了这些因素对绿色技术创新的影响。第三，用动态模型（sys-GMM）、空间模型和门槛模型分析OFDI逆向技术溢出对绿色技术创新效率的影响。第四，用动态模型、空间模型和门槛模型分析FDI技术溢出对绿色技术创新效率的影响。第五，分析对外开放背景下，长江经济带绿色技术创新对产业结构升级的影响。第六，绿色技术创新是推动低碳产业、绿色产业发展，实现"双碳"目标的关键驱动力，分析数字经济背景下绿色技术创新对碳生产率的影响。第七，提出提升长江经济带绿色技术创新效率、实现低碳发展的对策与建议。本书主要解决以下六个问题：

（1）长江经济带绿色技术创新效率的水平如何？是否存在区域差异？

（2）国际技术溢出对绿色技术创新效率影响的机制是什么？

（3）FDI对绿色技术创新效率影响的动态效应、空间效应和门槛效应如何？

（4）OFDI对绿色技术创新效率的影响的动态效应、空间效应和门槛效应如何？

（5）在对外开放视角下，绿色技术创新如何推动长江经济带产业结构升级，最终达到低碳发展的目标？

（6）在数字经济背景下，绿色技术创新如何提升长江经济带碳生产率？

围绕上述六个问题，本书将在后面的章节中运用长江经济带2001—2020年各省（市）面板数据进行实证检验，进而为国际技术溢出视角下提升长江经济带绿色技术创新效率提供实证依据。

三、研究内容与框架

本研究采用长江经济带各省（市）技术创新及环境数据，构建长江经济带绿色技术创新效率的测算模型，运用数据包络分析法进行测算，分析其分阶段特征以及其存在的区域差异。检验FDI、OFDI逆向技术溢出影响长江经济带绿色技术创新效率的区域差异、空间效应及门槛效应。为了更好地促进长江经济带低碳发展，进一步分析了对外开放视角下绿色技术创新效率对产业结构升级的促进作用、绿色技术创新效率在数字经济背景下影响碳生产率中的作用。在实证分析的基础上，提出提升长江经济带绿色技术创新效率的政策。

基于以上思路，本书主要包括九个章节：

第一章，导论。阐述基于国际技术视角分析长江经济带绿色技术创新效率的背景和意义、研究思路与研究方法、研究内容和研究框架。

第二章，文献综述。梳理技术创新效率、绿色技术创新效率等相关核心概念的外延和内涵，梳理国内外已有研究关于FDI对绿色技术创新的影响、OFDI对绿色技术创新的影响、对外开放对绿色技术创新的影响、绿色技术创新与碳排放等方面的文献综述。

第三章，长江经济带绿色技术创新效率测评及因素分解。构建长江经济带绿色技术创新效率的评价指标，并在各区域绿色技术创新效率进行测算的基础上进行因素分析。将绿色技术创新按照过程分为绿色技术开发阶段和绿色技术成果转化阶段，分别测算长江经济带的绿色技术创新的整体效率和分阶段效率，并分析其区域差异和阶段特征。

第四章，长江经济带绿色技术创新的影响因素。分析绿色技术创新效率的影响因素。在文献综述的基础上，分析并归纳了绿色技术创新的影响因素，并建立回归模型分析国内研发投入、环境规制、产业结构、金融业发展、经济发展等因素对绿色技术创新效率影响的动态效应、空间效应和门槛效应。

第五章，长江经济带OFDI逆向技术溢出与绿色技术创新。基于Coe-Helpman模型，利用sys-GMM模型、空间溢出模型和门槛效应模型分析OFDI逆向技术溢出对绿色技术创新影响的非线性特征。

第六章，长江经济带FDI技术溢出与绿色技术创新。基于Coe-Helpman模型，利用sys-GMM模型、空间溢出模型和门槛效应模型分析FDI技术溢出对绿色技术创新影响的非线性特征。

第七章，长江经济带对外开放、绿色技术创新与产业转型。采用sys-GMM模型和门槛面板模型，研究技术创新、对外开放对产业结构优化的影响。

第八章，长江经济带数字经济、绿色技术创新与碳排放。分析了数字经济影响碳排放的机制与路径，认为数字经济主要通过数字产业的"挤出效应"、数字经济的"协同效应""集聚效应"、数字基建的"杠杆效应"、智慧城市的"叠加效应"促进碳减排，且技术创新在数字经济影响碳减排的过程中起着中介作用。利用固定效应、动态GMM、中介效应和门槛模型分析长江经济带数字经济、绿色技术创新对碳排放影响的非线性效应。

第九章，研究结论、政策建议及研究展望。对结论进行整理并提出相关政策建议，体现本研究的现实意义与价值，并对未来的研究进行展望。

第二章

文献综述

国内外关于区域绿色技术创新效率的测度、国际技术溢出和绿色生产率关系等方面的研究较多，这些研究为本研究提供了坚实的基础，但也留下了创新和深入研究的空间。

第一节 关于绿色技术创新的研究

创新是推动一个国家发展，使其充满动力与竞争力的源泉，是经济发展的引擎和动能。虽然我国研发投入不断增加，技术创新水平日益提升，但与发达国家相比，还存在着一定差距。因此，如何提高技术创新效率、推动创新驱动发展战略驶入快车道，推动经济的高质量发展，已成为当今社会亟待解决的重要课题。

一、关于技术创新效率的研究

现从技术创新效率的概念、技术创新效率的评价方法、技术创新效率的影响因子这三个切入点梳理文献并进行综述。

（一）关于技术创新效率概念的研究

Afriat（1972）[1]首次引出了技术创新效率这个理念，他指出技术创新效率

---

[1] AFRIAT S N.Effciency Estimation of Production Functions [J].International Economic Review, 1972, 13（3）: 568–598.

是在检测创新投入单位的情况下，创新产出与最大产出的多少，一般而言，产出越多，效率越高。池仁勇（2004）❶指出技术创新效率是大量技术创新元素投向技术创新指标转化的出入比，属于技术创新系统的概念。李艳玲等（2005）❷认为创新效率是针对技术创新过程中投入和产出的一个相对概念，是对单位投入要素对应的产出多少的衡量工具，是技术创新能力的发挥和经济效益的重要体现，并将技术创新效率定义为在技术创新过程中，创新投入与产出能力的利用率。王超（2015）❸认为创新效率是将大量资源创造性地转化为实用的、有商品性质的商品或服务，以完成其作用和价值的效率，用技术创新投入产出比来衡量。张林（2019）❹提出技术创新效率是一种转换关系，是研发资本和研发人员投入与技术创新产出之间的转换关系。李圣宏（2016）❺指出技术创新效率是指由技术占比率的高低而反映的产出绩效，表现了成本高效转化的能力，体现的是产出部门在一定投入能力下产出的最高效率，或是在一定标价和产出能力下产出部门投入元素快速转化的能力。耿焕煜（2019）❻指出技术创新效率是技术投入成本和创新产出的比率，技术创新的过程也就是其产入与产出的比率。如果以微量的投入得到大量的产出，这样的投入产出比例

---

❶ 池仁勇，虞晓芬，李正卫.我国东西部地区技术创新效率差异及其原因分析[J].中国软科学，2004（8）：128-131，127.

❷ 李艳玲，潘杰义，陈玥希.基于DEA的企业技术创新效率评价研究[J].河北工业科技，2005（2）：74-76.

❸ 王超.传媒上市公司技术创新效率及其影响因素实证研究[D].杭州：浙江财经大学，2015.

❹ 张林.创新补贴与企业技术创新效率研究[D].武汉：中南财经政法大学，2019.

❺ 李圣宏.高新技术开发区技术创新效率测度及其空间扩散研究[D].南昌：江西财经大学，2016.

❻ 耿焕煜.基于上市公司的我国高端装备制造业创新效率研究[D].合肥：合肥工业大学，2019.

就是高效率的生产，技术创新效率高。

（二）关于技术创新效率评价方法的研究

技术创新效率的本质是技术创新投入、产出的转化效率，技术创新效率的计算法则也就是算出投入产出的比率。随机前沿分析法和数据包络分析法是当前学术界主流的技术创新效率评价方法。张海欣（2020）[1]指出当前测算技术创新效率常用的方法有随机前沿分析法和数据包络分析法（DEA），测算的是相对效率。其中随机前沿分析法可以避免多个样本点为1的情况，且效率值离散度小，缺点在于对样本规模要求高，需要在确定生产函数的基础上，要求产出变量的唯一性。数据包络分析法则不需要确定生产函数，还可以评价多项投入和多项产出，且不需要人为赋值，不受量纲影响，缺点在于无法分离环境变量与随机扰动项、无法衡量非期望产出情况且要求有足够数量的决策单元（DMU）。黄亚飞（2019）[2]指出DEA（数据包络分析法）方法虽然存在短板，但相比SFA（随机前沿分析法）等方法，DEA方法在效率评价维度方面更准确、更适用，使用维度更广，国外学者也经常采用此方法。李林（2019）[3]认为参数法（SFA）和非参数法（DEA）被国际学术界经常采用，评价效率的影响因素方面显然参数法更具优势，但因为此方法需要有具象的数学函数公式并采用严谨的设定，所以适应维度有所限制。非参数法是根据线性规划法则，通过引入大量投入和产出指标，对拥有比较性的决策单位评测相对有用。相对于参数法，非参数法不使用构建数学函数，也不用对元素采用无量纲化处理。在某种意义上，非参数方法则更具有稳定性。以数据包络分析法为代表的非参

---

[1] 张海欣.新能源企业技术创新效率评价研究[D].西安：西安科技大学，2020.

[2] 黄亚飞.我国规上工业企业技术创新效率的评价及影响因素研究[D].大连：大连工业大学，2019.

[3] 李林.工业企业技术创新效率评价研究[D].南昌：江西师范大学，2019.

数方法，在大量行业的效率评价方面的采用维度广泛，工业企业技术创新效率评价就是被其采用的典型代表。陈晓青等（2022）[1]采用区间二型模糊集对不确定性信息进行表征，将区间二型模糊评价方法引入，计算我国高新技术产业技术的创新效率。对区域高技术产业技术创新效率进行了仔细对比分析，验证了所提模型的适用性。

（三）关于技术创新效率影响因子的研究

技术创新效率与创新投入和创新产出密不可分。文献探讨较多的有政府资金支持、政府补贴、税收支持、研发投入、信息技术、外开放度、外资引进比率、社会技术创新关注度、企业规模等因子。彭日铭（2022）[2]认为在政府资金支持较少的情况下，资金支持能减少研发投入的成本，加快创新效率的升级；但是当政府资金支持过于丰厚时，政府会对企业的研发过程管控频繁，企业也因为政府资金支持，导致要分担一定的社会建设责任，如增加人员就业岗位、经济发展达标等，造成企业较高的管理压力和人员过多，这不利于企业创新，导致企业创新效率下降。Wang等（2016）[3]将事前补贴定义为在企业进行技术创新研发之前政府下拨的资金保障。这种补贴形式的金额不会受到研发结果的影响，主要目的是缓解研究项目初始阶段的融资约束。而事后补贴策略则是政府在企业之后行动。peng等（2018）[4]指出事后补贴是研究进展达到预料

---

[1] CHEN Xiaoqing, LIU Xinwang, WU Qun, et al. Measuring technological innovation efficiency using interval type-2 fuzzy super-efficiency slack-based measure approach[J]. Engineering Applications of Artificial Intelligence，2022（116）：105.

[2] 彭日铭.政府补贴、企业数字化与技术创新效率[D].南京：南京邮电大学，2022.

[3] WANG F, ZHANG B.Distributional incidence of green electricity price subsidies in China[J]. Energy Policy，2016，88（JAN.）：27-38.

[4] PENG H, LIU Y. How government subsidies promote the growth of entrepreneurial companies in clean energy industry：An empirical study in China[J].Journal of Cleaner Production，2018，188（1）：508-520.

的判断或者研究确认完毕，政府给予企业一定的补偿，一般形式是通过税收的减免。Kafouros（2006）[1]从理论和实证层面指出互联网与公司研发效率具有正相关关系。Fores和Beatriz等（2016）[2]从区域层面论证了信息通讯技术对创新能力的促进影响。Ferreira等（2019）[3]采用问卷调查法对来自各个行业的938家葡萄牙公司进行电话调查，经过研究发现数字化的转型对企业的绩效和创新有着较高的提升作用。Kohtamaki等（2019）[4]根据对美国七千多个信用社的金融与服务数字化数据的实例研究，发现数字化服务的范围与企业绩点之间呈倒"U"形关系。高良谋和李宇（2009）[5]研究发现企业规模对技术创新的影响呈倒"U"型关系。闫华飞等（2022）[6]基于对长江经济带工业的绿色技术创新效率研究，将区域对外开放度、外资引进比率、社会技术创新关注度、产业数据结构、市场竞争的激烈程度作为其影响因素。在除去有重复变量因素影响的数据后，区域对外开放度、社会技术创新关注度明显对绿色创新效率有着极其正向的影响；而产业数据结构对绿色技术创新效率有着反向的影响；外资引进比

---

[1] KAFOUROS M I.The impact of the Internet on R&D efficiency: theory and evidence [J]. Technovation, 2006, 26（7）: 827-835.

[2] FORES, BEATRIZ, CAMISON, et al. Does incremental and radical innovation performance depend on different types of knowledge accumulation capabilities and organizational size? [J]. Journal of Business Research, 2016, 69（2）: 831-848.

[3] FERREIRA J, FERNANDES C I, FERREIRA F. To be or not to be digital,that is the question: Firm innovation and performance[J]. Journal of Business Research, 2019（101）: 583-590.

[4] KOHTAMAKI M, PARIDA V, OGHAZI P, et al. Digital servitization business models in ecosystems: A theory of the firm[J]. Journal of Business Research, 2019（104）:380-392.

[5] 高良谋, 李宇.企业规模与技术创新倒U关系的形成机制与动态拓展[J].管理世界, 2009（8）: 113-123.

[6] 闫华飞, 肖静, 冯兵.长江经济带工业绿色技术创新效率评价及其影响因素分析[J].统计与决策, 2022, 38（12）: 96-101.

率、市场竞争激烈程度对绿色技术创新效率有着反向但不显著的影响。朱慧明等（2021）[1]通过构建Tobit回归模型，研究技术创新效率影响因素对于我国制造业的影响，发现员工学位的高低对技术创新效率影响明显。Chen（2004）[2]和Lee（2010）[3]等实证分析得出规模效应显著促进了研发效率和创新绩效。韩晶（2010）[4]实证得出企业规模对创新效率产生负向影响。刘晓慧等（2019）[5]指出管理层激励对上市公司技术创新效率有直接影响。

二、关于绿色技术创新效率的研究

（一）关于绿色技术创新效率概念的研究

绿色技术创新是在保护与发展生态环境的前提下运用科学技术发展经济。关于绿色技术创新效率的定义表述各有不同，但达成一致的是绿色技术创新效率并不是简单的投入与产出关系。刘鹏珍（2021）[6]基于创新价值链视角，提出绿色创新已成为经济高质量增长和生态可持续的重要结合点。绿色创新技

---

[1] 朱慧明，张中青扬，吴昊，等.创新价值链视角下制造业技术创新效率测度及影响因素研究[J].湖南大学学报（社会科学版），2021，35（6）：37-45.

[2] CHEN C T, CHIEN C F, LIN M H, et al. Wang Using DEA to Evaluate R&D Performance of the Computers and Peripherals Firms in Taiwan [J]. International Journal of Business, 2004, 9（4）：347-359.

[3] LEE S, PARK G, YOON B, et al. Open innovation in SMEs: An intermediated network model [J]. Research Policy, 2010, 39（2）：290-300.

[4] 韩晶.中国高技术产业创新效率研究——基于SFA方法的实证分析[J].科学学研究，2010，28（3）：467-472.

[5] 刘晓慧，刘西国.企业技术创新效率的影响因素：现状与展望[J].武汉商学院报，2019，33（1）：26-30.

[6] LIU Pengzhen, et al. Analysis on Spatio-Temporal Characteristics and Influencing Factors of Industrial Green Innovation Efficiency—From the Perspective of Innovation Value Chain [J]. *Sustainability*, 2021, 14（1）.

术对于社会经济发展、对于社会生态环境发展的重要地位显而易见。那么绿色创新技术到底是什么？目前，绿色技术创新效率还没有统一的概念。Braun和Wield（1994）[1]首次提出绿色技术创新的概念，他们将绿色技术创新界定为：在保护环境、减少能源消耗的前提下，通过采用先进的科学技术，生产出绿色环保产品的过程。随后，Fussler和James（1996）[2]提出绿色技术创新是能大大降低环境影响的新技术。Kemp（1998）[3]等提出绿色技术创新是利益相关者采取所有能够推动或者改善工艺、产品、技术和管理体系的发展与应用的措施来减少对环境的危害，实现特定的生态目标。Chen（2006）[4]等指出绿色技术创新包括绿色产品与绿色工艺的硬件与软件的创新，其中涉及环境污染减少、能源节约、绿色产品设计、废物再利用以及企业环境管理等方面的技术创新。绿色技术创新是将环境绩效考虑在内，旨在减少环境污染，提高资源利用效率的技术创新，是实现可持续发展的有效手段（Arundel and Kemp,2009）[5]。韩晶（2012）[6]认为绿色创新效率是创新质量的绿色指数，在综合考虑环境污染及能源消耗后对于创新发展质量的测度。王志平等（2013）将绿色技术创新效

---

[1] BRAUN E,WIELD D. Regulation as a means for the social control of technology[J]. Technology Analysis & Strategic Management,1994, 6（3）：259-272.

[2] FUSSLER C,JAMES P. Driving eco-innovation: A breakthrough discipline for innovation and sustainability. Pitman Pub, 1996, 6（5）：297.

[3] KEMP R, ARUNDEL A.IDEA paper[Z].1998.

[4] CHEN Y S, LAI S B, WEN C T.The influence of green innovation performance on corporate advantage in Taiwan[J].Journal of Business Ethics, 2006, 67（4）：331-339.

[5] ANTHONY A,RENE K. Measuring eco-innovation [J].United Nations University, 2009（17）：3-40.

[6] 韩晶.中国区域绿色创新效率研究[J].财经问题研究，2012（11）：130-137.

率定义为技术研发效率与技术转化效率的乘积[1]。罗良文与梁圣蓉（2016）[2]则从生产技术的角度出发，提出绿色技术创新效率是绿色产业活动中的实际产出与理想产出之间的差距。沈能、周晶晶（2018）[3]则表示绿色创新便是通过对生产工艺的改进、产业结构转型升级等一系列技术创新活动以降低生产过程对环境的破坏程度，实现节能环保与绿色持续发展的行为。梁中、昂昊（2019）[4]则认为绿色创新效率是绿色创新活动中投入与产出的效用比例关系。何育静、蔡丹阳（2021）[5]认为绿色技术创新是以保护环境为目的的管理创新与技术创新，绿色创新技术效率便是一种由绿色技术与技术创新延伸出的绿色评价定义。

（二）关于绿色技术创新效率评价方法的研究

绿色技术创新效率已经拥有较为成熟的评价指标体系和测评方法。其中关于绿色创新效率的测度通常基于Meeusen（1977）[6]等、Aigner（1977）[7]等

---

[1] 王志平.我国区域绿色技术创新效率的时空分异与仿真模拟[D].南昌：江西财经大学，2013.

[2] 罗良文，梁圣蓉.中国区域工业企业绿色技术创新效率及因素分解[J].中国人口·资源与环境，2016，26（9）：149-157.

[3] 沈能，周晶晶.技术异质性视角下的我国绿色创新效率及关键因素作用机制研究：基于Hybrid DEA和结构化方程模型[J].管理工程学报，2018，32（4）：46-53.

[4] 梁中，昂昊.中国绿色技术创新效率演化及其空间治理[J].财贸研究，2019，30（8）：16-25，63.

[5] 何育静，蔡丹阳.长三角工业企业绿色技术创新效率及其影响因素分析[J].重庆社会科学，2021（1）：49-63.

[6] MEEUSEN W, BROECK J.Efficiency Estimation from Cobb-Douglass Production Functions with Composed Error[J].International Economic Review,1977,18（2），435-444.

[7] AIGNER D, LOVELL C, SCHMIDT P. Formulation and Estimation of Stochastic Frontier production Function Models[J].Journal of Econometrics, 1977,6（1）：21-37.

提出的带参数随机前沿生产函数（SFA）以及Fare等（1978）[1]提出的非参数数据包络分析（DEA）两种技术创新测算方法。在研究过程中，有例如张辽等（2020）[2]基于三阶段DEA、韩孺眉等（2017）[3]基于四阶段DEA等多种形式。然而，传统的DEA模型只注重考察经济效率，而忽略了技术创新带来的环境和能源问题。Chung等[4]（1997）和Ramanathan（2005）[5]针对上述问题，将环境和能源要素融入DEA-CCR模型和DEA-BCC模型进行测算，与传统技术创新进行了区分。何育静、蔡丹阳（2021）[6]通过计算非期望产出的DEA模型测算了2008—2018年长三角27个城市工业企业绿色技术创新效率，指出应当加强长三角地区产学研协同创新合作。

（三）关于绿色技术创新效率的影响因素的分析

绿色技术创新效率的影响因素较为复杂，达成一致的因素有R&D投入、产业结构、环境规制、对外直接投资、民间投资、逆向技术溢出、市场分割、环境规制等。例如，李广培等（2018）指出涵盖资金与人员的R&D投入与企业绿

---

[1] FARE R, LOVELL C A K. Measuring the Technical Efficiency of Production[J]. Journal of Economic Theory, 1978, 19（1）：150-162.

[2] 张辽，黄蕾琼.中国工业企业绿色技术创新效率的测度及其时空分异特征：基于改进的三阶段 SBM-DEA模型分析[J].统计与信息论坛，2020, 35（12）：50-61.

[3] 韩孺眉，刘艳春.我国工业企业绿色技术创新效率评价研究[J].技术经济与管理研究，2017（5）：53-57.

[4] CHUNG Y H, FARE R, GROSSKOPF S. Productivity and Undesirable Outputs: A Directional Distance Function Approach.[J].Journal of Environmental Management, 1997, 51（3）：229-240.

[5] RAMANATHAN R.Estimating Energy Consumption of Transport Modes in India Using DEA and Application[J].International Jouranl of Global Energy Issues, 2002, 17（3）：214.

[6] 何育静，蔡丹阳.长三角工业企业绿色技术创新效率及其影响因素分析[J].重庆社会科学，2021（1）：49-63.

色技术创新能力密切相关,对绿色创新绩效产生正向影响[1]。也有研究者指出管理水平、政府支持、产业聚集等企业内外部因素都会对绿色技术创新效率产生影响。其中环境规制对绿色技术创新效率的影响关注度最高,如张峰等(2019)[2]认为适度的环境规制促进了绿色技术创新效率。尹礼汇等(2022)[3]以长江经济带为例进行实证分析,得出命令控制型和市场激励型环境规制与制造业绿色全要素生产率正相关,而绿色技术创新在这一影响中发挥着中介作用。张娟、耿弘等(2019)[4]通过实证分析发现环境规制对绿色技术创新的影响呈"U"型关系,且滞后影响显著。闫华飞等(2022)[5]基于长江经济带11个省(市)2014—2018年工业面板数据,得出环境规制、FDI提升了工业绿色技术创新效率的结论。裴潇等(2019)[6]认为长江经济带各地区绿色技术创新具有空间集聚效应;单一的民间投资对技术创新有一定促进作用,但因民间投资目前主要集中在产业低端,与环境规制结合时并未有效促进绿色技术创新。梁圣蓉、罗良文(2019)实证得出FDI研发资本技术溢出促进绿色技术创新效率的效应最显著,OFDI研发资本技术溢出抑

---

[1] 李广培,李艳歌,全佳敏.环境规制、R&D投入与企业绿色技术创新能力[J].科学学与科学技术管理,2018,39(11):61-73.

[2] 张峰,史志伟,宋晓娜,等.先进制造业绿色技术创新效率及其环境规制门槛效应[J].科技进步与对策,2019,36(12):62-70.

[3] 尹礼汇,孟晓倩,吴传清.环境规制对长江经济带制造业绿色全要素生产率的影响[J].改革,2022(3):101-113.

[4] 张娟,耿弘,徐功文,等.环境规制对绿色技术创新的影响研究[J].中国人口·资源与环境,2019,29(1):168-176.

[5] 闫华飞,肖静,冯兵.环境规制、外商直接投资与工业绿色技术创新效率——基于长江经济带的实证[J].统计与决策,2022,38(16):118-122.

[6] 裴潇,蒋安璇,叶云,等.民间投资、环境规制与绿色技术创新——长江经济带11省市空间杜宾模型分析[J].科技进步与对策,2019,36(8):44-51.

制了绿色技术创新效率的提升[1]。郭进（2019）[2]提出环境规制工具的选择是环境规制促进绿色技术创新提升的关键，且提出未来加强环境规制的顶层设计、构建市场化的环境规制体系、提高环境规制强度是重点。武力超等（2022）[3]认为绿色信贷政策可以引导银行向绿色低碳行业发放更多的信贷资金，从而推进绿色产业创新和经济绿色发展。Cai and Li（2018）[4]认为经济环境的变化、竞争者的争夺等因素促进了绿色技术创新。此外，Lee and Min（2015）[5]从研发投入、技术能力、OFDI等方面研究绿色技术创新的影响因素。

三、关于长江经济带绿色技术创新效率的研究

长江经济带是我国生态文明建设的先行示范带，并且长江经济带无论是在经济上还是政治上都在我国具有举足轻重的地位，因此有关长江经济带绿色技术创新效率的研究尤为重要，促进长江经济带的发展中很重要的一环就是要提高其绿色技术创新效率。

（一）关于长江经济带绿色技术创新的现状研究

Potter等（1995）提出"波特假说"，认为适当的环境规制将刺激技术

---

[1] 梁圣蓉，罗良文.国际研发资本技术溢出对绿色技术创新效率的动态效应[J].科研管理，2019，40（3）：21-29.

[2] 郭进.环境规制对绿色技术创新的影响——"波特效应"的中国证据[J].财贸经济，2019，40（3）：147-160.

[3] 武力超，王锐，方心怡，等.绿色信贷政策与出口企业绿色技术创新[J].研究与发展管理，2022，34（4）：66-80.

[4] CAI W G, LI G P.The Drivers of Eco-innovation and Ilts Impact on Performance Evidence from China[J]. Journal of Cleaner Production，2018（176）：10-118.

[5] LEE K H, MIN B. Green R&D forEcoinnovationand Its Impacton Carbon Emissions and Firm Performance[J]. Journal of Cleaner Production，2015（108）：534-542.

创新[1]。为验证"波特假说",周慧颖、王世进(2020)[2]建立动态面板模型和门槛面板模型,得出政府应加强环境规制的结论,确定适当的环境规制强度有助于提升长江经济带绿色技术创新水平。在此基础上,刘在洲、汪发元(2021)[3]提出科技创新与环境规制的落实具有一致性,能共同促进长江经济带产业结构优化升级。李金滟等(2016)[4]认为在长江经济带绿色技术创新过程中,政府支持、城市文化水平、基础设施建设等因素能推动城市绿色创新,从而达到资源整合、提升效率、减少排放、促进城市绿色发展的目的。黄磊、吴传清(2021)[5]认为长江经济带要注重政策引导效应,加大绿色技术创新的支持力度。易明(2018)[6]等为了研究2004—2015年长江经济带各省(市)之间的绿色全要素生产率,采用了DEA-Malmquist指数法和探索性空间数据分析的方法,最终得出结论:有关绿色全要素生产率的时间分布通过对比呈现的变化规律为W型,并且集聚效应明显被发现在空间分布上。袁茜(2019)对长江经济带高新区产业的发展功效的研究采用了理想决策单元交叉效率模型的研究方法,并且在核验方法上选择了构建双重差分模型和面板门槛模型,获得定

---

[1] MICHAEL E, PORTER, CLAAS van der Linde. Toward a New Conception of the Environment-Competitiveness Relationship[J]. The Journal of Economic Perspectives, 1995, 9(4): 97-118.

[2] 周慧颖,王世进.环境规制下OFDI对绿色技术创新的影响——基于长江经济带的实证研究[J].科技与经济,2020,33(6):26-30.

[3] 刘在洲,汪发元.绿色科技创新、财政投入对产业结构升级的影响——基于长江经济带2003—2019年数据的实证分析[J].科技进步与对策,2021,38(4):53-61.

[4] 李金滟,李泽宇,李超.城市绿色创新效率实证研究——来自长江中游城市群的证据[J].江西财经大学学报,2016(6):3-16.

[5] 黄磊,吴传清.长江经济带城市绿色技术创新效率及其动力机制研究[J].重庆大学学报(社会科学版),2021,27(1):50-64.

[6] 易明.长江经济带绿色全要素生产率的时空分异特征研究[J].管理世界,2018,34(11):178-179.

论："倒"U"型关系明显存在于高新区产业发展功效和长江经济带整体化中[1]。XIANG W 等[2]（2019）认为随着长江经济带交通和通信网络等基础设施的日益完善，区域间便利性增强，绿色技术创新会产生空间溢出效应，这也有利于区域之间经济的协同高速发展。张旭、王宇（2017）[3]指出长江经济带的绿色技术创新效率的提升离不开政府政策的引导，政府政策支持为长江经济带高质量发展打下了坚实的基础。欧雪银（2019）[4]通过实证分析得出，新兴产业的布局吸引力了大量的研发投入和绿色人才，显著促进了绿色技术创新能力的提升，中下游区域最为明显。游达明、黄曦子（2016）[5]指出要打破地方保护主义与条块分割，打通各行政区域，构建统一大市场，加强区域协作，加强各区域绿色技术创新效率的辐射带动作用。黄万华、王梦迪（2021）[6]通过实证分析发现长江经济带上游地区制造业绿色技术创新效率在三大区域中最低，下游区域的绿色技术创新总体水平高于中上游地区。

（二）关于长江经济带绿色技术创新政策的研究

关于提升长江经济带绿色技术创新效率对策的研究，学者们从战略定位、

---

[1] 袁茜,吴利华,张平.长江经济带一体化发展与高技术产业研发效率[J].数量经济技术经济研究,2019,36（4）：46-61.

[2] XIANG W, CHEN X, ZHANG F.The diffusion of green technology innovation based on cloud platform for energy saving[J].Ekoloji,2019,28（107）：1641-1650.

[3] 张旭,王宇.环境规制与研发投入对绿色技术创新的影响效应[J].科技进步与对策,2017,34（17）：111-119.

[4] 欧雪银.产业结构高级化促进"制造服务业"创造国际竞争优势研究[J].社会科学家,2019（4）：54-63.

[5] 游达明,黄曦子.长江经济带省际工业生态技术创新效率评价[J].经济地理,2016,36（9）：128-134.

[6] 黄万华,王梦迪.长江经济带制造业绿色技术创新效率测度[J].统计与决策,2021,37（19）：61-63.

政府政策引导、增加研发投入、新型工业化等方面展开。吴传清、邓明亮（2019）❶提出了要"坚持生态文明建设的先行示范带、引领全国转型发展的创新驱动带、具有全球影响力的内河经济带"的战略定位。在长江经济带的建设方面，付保宗（2019）❷指出长江经济带建设要坚持"共抓大保护、不搞大开发"的战略部署，处理好生态保护与经济发展的关系，根本之策是构建现代化产业体系，引导全国率先迈上经济高质量发展之路。张江雪等（2018）❸认为要提升绿色技术创新效率，首先从政府层面提出要营造有利于激励绿色技术创新的政策环境，积极引导市场主体应用绿色技术和环境技术应用，增强绿色技术创新的积极性、主动性和持久性。陆玉麒、董平（2017）❹指出工业化是新时代经济发展的重要驱动力，未来要发展经济社会与资源环境协调发展的新型工业化。科学技术是第一生产力，科技创新就显得尤为重要。汪发元、郑军（2020）指出要实现长江经济带绿色发展，财政支持也是必不可少的。廖茂林、张燕（2020）❺指出长江经济带要通过财税政策的引导培育一批绿色化、成长型的城市或区域。

综上所述，绿色技术创新效率的研究已经逐渐成熟，其评价方法及影响因子也不断丰富。传统的简单投入与产出的比例早已不再是绿色技术创新效率的范畴，绿色技术创新效率是将生态保护纳入测算模型中，测算方法通常是DEA

---

❶ 吴传清，邓明亮.科技创新、对外开放与长江经济带高质量发展[J].科技进步与对策，2019，36（3）：33-41.

❷ 付保宗.加快构建长江经济带现代化产业体系[J].宏观经济管理，2019（5）：78-83.

❸ 张江雪，张力小，李丁.绿色技术创新：制度障碍与政策体系[J].中国行政管理，2018（2）：153-155.

❹ 陆玉麒，董平.新时期推进长江经济带发展的三大新思路[J].地理研究，2017，36（4）：605-615.

❺ 廖茂林，张燕.财税体制政策创新与长江经济带融合发展[J].银行家，2020（6）：50-52.

及SFA两种技术创新测算方法。这两种算法在不同的研究中也得到了拓展与完善创新，延伸出更多、更完善的测算方法及模型。绿色技术创新效率受到很多因素的影响，如R&D投入力度、外部网络关系、环境规制、管理水平、政府支持、产业聚集、制度创新环境、要素市场等。

第二节　关于国际技术溢出对绿色技术创新效率影响的研究

国际技术溢出主要有FDI、OFDI和对外贸易等渠道，以下从这三个方面进行综述。

一、关于FDI对绿色技术创新效率影响的研究

在"引进来、走出去"的大背景下，中国在大力引进FDI的过程中，推动了国民经济的大发展，同时带来了严重的资源和生态问题。通过对FDI技术溢出效应的研究，既可以对中国经济发展进行更深入研究，又可以通过对降低环境污染和节能减排的绿色技术创新进行研究，以期在新形势下有效化解当前中国的资源与环境问题，实现可持续发展。通过引入外商直接投资既可以弥补中国技术创新的双外部效应，又可以提高其技术创新的竞争力。也有研究表明，区域间的环境管制程度的差别会导致FDI的流入对我国的技术创新效率产生一定的影响。当前，国内对外商直接投资和我国的绿色技术创新已经达成了一定的共识，但是对于外商直接投资对我国的绿色技术创新产生的作用却并不明确，关于FDI如何影响绿色技术创新至今还没有一个清晰的概念。现有研究大多基于制度、区域、环境、空间、行业等前提下得出的实证结果，总体来看既有积极影响又有消极影响。现从FDI影响绿色技术创新效率的正向影响和负向

影响两个角度进行文献综述。

（一）大部分研究认为FDI促进了绿色技术创新效率

Hu和Jefferson（2002）[1]以我国大型、中小型电子业企业为样本，实证得出FDI流入显著提升了我国的创新能力。Yang Z（2016）[2]用随机前沿方法（SFA）比较并分析了2001—2011年我国各个行业环保技术发展的速率，得出FDI技术溢出对我国的环保技术发展和变革具有显著的正向作用。Yin H F和Yin Q（2016）[3]以我国不同外商外贸行业为研究对象，通过实证研究得出外国商人或企业的对外直接投资能够使自主创新能力的发展突飞猛进。Yue S（2016）[4]等以中国2004年为基年，以未来七年作为限度，以104个城市作为样本，分析数据结果表明外商直接投资对中国建设环境友好型城市具有显著的积极影响。冼国明、严兵（2005）[5]根据1998—2003年的数据，分析了FDI对我国创新能力的溢出效应，结果显示FDI促进了中国创新能力。毕克新（2014）[6]运用偏最小二乘法（PLS）理论对其进行了理论上的假设验证，论证了FDI对绿色创

---

[1] HU A G Z, JEFFERSON G H. FDI impact and spillover: evidence from China's electronic and textile industries[J]. World Economy, 2002, 25（8）: 1063-1076.

[2] YANG Z, SHAO S, YANG L,et al. Differentiated effects of diversified technological sources on energy-saving technological progress: empirical evidence from China's industrial sectors[J]. Renewable & Sustainable Energy Reviews, 2016（8）:1379-1388.

[3] YIN H F,YIN Q. The study of impact of FDI on innovation capacity in different industries[A]. Proceedings of the 6th International Asia Conference on Industrial Engineering and Management Innovation[M]. Atlantis Press, 2016.

[4] YUE S,YANG Y,HU Y. Does foreign direct investment affect green growth? evidence from China's experience[J]. Sustainability, 2016, 8（2）: 158.

[5] 冼国明, 严兵.FDI对中国创新能力的溢出效应[J].世界经济, 2005（10）: 18-25.

[6] 毕克新, 王禹涵, 杨朝均.创新资源投入对绿色创新系统绿色创新能力的影响——基于制造业FDI流入视角的实证研究[J].中国软科学, 2014（3）: 153-166.

新各个因素投入具有促进作用。张伟等（2011）[1]将"绿色"作为一种以科技创新为核心的"职业"创新。在人类环保观念日益提高的今天，科技创新已是不可替代的趋势。但是，由于技术创新的复杂程度远高于一般的技术创新，仅依靠国内企业自身进行，在短时间之内很难达到效果。当前最有效的途径就是引入FDI，并在技术上对FDI进行环境规制和技术规制，以促进FDI对绿色技术创新的提升作用。冉启英和杨小东（2020）[2]研究发现技术外溢具有明显的空间交互效应，总体上，技术外溢对我国的技术转移有明显的推动作用。FDI和外贸都可以提高区域内的技术创新效率，而区域间的外溢作用也会对其他地区产生影响。郑小凤（2015）[3]以福建省为研究对象，结果表明，外商直接投资对福建省技术创新具有正面效应，FDI对福建省技术创新的正面效应在短期显著，但之后效应逐步弱化，且在较长时期内基本为0。徐敏丽等（2021）[4]通过对中国30个省（市）2008—2018年度绿色科技创新效率进行测算，并对其在指令控制、市场激励和自治三种情况下的技术创新效果进行了实证研究，结果发现FDI即使在三种不同的规制下均能提高绿色技术创新的有效性。黄小勇、刘斌斌（2020）[5]对2012—2016年度的跨区域面板数据进行了实证分析，发现FDI在中国具有资源掠夺作用，并且更多的是通过合资企业的形式进入富饶区域，

---

[1] 张伟，李虎林，安学兵.利用FDI增强我国绿色创新能力的理论模型与思路探讨[J].管理世界，2011（12）：170-171.

[2] 冉启英，杨小东.国际技术溢出对绿色技术创新效率的影响研究——基于空间视角下制度调节作用的非线性检验[J].华东经济管理，2020，34（2）：30-41.

[3] 郑小凤.FDI对技术创新的影响及其制约因素分析[D].泉州：华侨大学，2015.

[4] 徐敏丽，陈雪雯.环境规制、FDI与中国工业绿色技术创新效率[J].经济研究导刊，2021（32）：40-46.

[5] 黄小勇，刘斌斌.FDI方式选择及其对中国绿色技术创新的影响——基于采掘业数据的经验分析[J].宏观经济研究，2020（7）：11.

总体而言，FDI促进了我国绿色技术创新效率。田红彬、郝雯雯（2020）❶运用GML指数通过对中国各省（市）间的经济指标进行分析，发现FDI与我国的绿色创新效率呈显著的正相关关系。

（二）有些研究发现FDI抑制了绿色技术创新效率的提升

Romijn H & Albaladejo M（2002）❷对FDI的溢出假定进行了验证，发现FDI对东道国技术创新的推动效应呈现微弱的负相关效应。Backer K D & Sleuwaegen L（2003）❸以比利时的制造业为案例，通过对FDI的分析，发现FDI提升了我国市场竞争力，但FDI对技术创新的推动效果并不明显。姚佐文、陈信伟（2012）❹认为FDI对中国技术创新效率的促进作用并没有预测中的显著作用，而且对其作用机理也有负面的作用。刘和东（2012）❺通过对我国30个省（市）数据进行实证分析，发现FDI的技术溢出效应在我国中部最为明显，但这种效应显著为负相关。肖权、赵路（2020）❻利用SBM-DEA两期超效网络对中国30个省（市）的绿色科技创新效率进行了测算，结果表明FDI对当地的技术创新效率起到了促进作用，而对其间

---

❶ 田红彬，郝雯雯.FDI，环境规制与绿色创新效率[J].中国软科学，2020（8）：10.

❷ ROMIJN H, ALBALADEJO M. Determinants of innovation capability in small electronics and software firms in southeast England[J]. Research Policy, 2002, 31（7）：1053-1067.

❸ BACKER K D, SLEUWAEGEN L. Does foreign direct investment crowd out domestic entrepreneurship[J]. Review of Industrial Organization, 2003, 22（1）：67-84.

❹ 姚佐文，陈信伟.滞后效应视角下的FDI、R&D对我国技术创新能力的影响及演变[J].预测，2012，31（2）：44-49.

❺ 刘和东.国际贸易与FDI技术溢出效应的实证研究——基于吸收能力与门槛效应的分析视角[J].科学学与科学技术管理，2012，33（2）：30-36.

❻ 肖权，赵路.异质性环境规制，FDI与中国绿色技术创新效率[J].现代经济探讨，2020（4）：12.

接影响则是负面的。卫冠洋（2017）[1]对我国省级数据进行分析，发现我国各省的绿色科技创新效率存在较大的时空依赖关系，而内地FDI对我国的技术创新效率则呈现负向效应。刘斌斌、黄吉焱（2017）[2]从理论上对区域FDI的进入模式的不同以及由此对区域内的技术创新效率的影响进行了理论上的探讨，并通过对2008—2014年两个省份间的面板数据进行了实证研究，结果表明，外资通过外资的形式进入将会妨碍对环境管制比较强的区域的技术创新效率的提升。毕克新等（2011）[3]通过对FDI在中国的产业中的应用进行了实证研究，发现FDI对企业的技术创新具有积极的作用，但FDI对两个绿色过程的技术创新都有负面的间接效应。杨朝均等（2020）[4]通过数值动态仿真模拟研究，发现当FDI技术溢出处于高水平时，工业绿色技术创新将从自主创新转向模仿发展。

二、关于OFDI对绿色技术创新效率影响的研究

（一）关于OFDI对技术创新效率的影响机制和原理研究

利用对外直接投资增强企业绿色技术创新能力和水平受到众多学者的关注。卫平、陈佳（2021）[5]从市场化制度的角度出发，认为OFDI逆向技术溢出由技术溢出和技术吸收两个主要阶段组成，在技术溢出阶段跨国企业主要通过

---

[1] 卫冠洋.FDI和环境规制对中国绿色技术创新效率的影响研究[D].大连：东北财经大学，2020.

[2] 刘斌斌，黄吉焱.FDI进入方式对地区绿色技术创新效率影响研究——基于环境规制强度差异视角[J].当代财经，2017（4）：10.

[3] 毕克新，杨朝均，黄平.FDI对我国制造业绿色工艺创新的影响研究基于行业面板数据的实证分析[J].中国软科学，2011，000（9）：172-180.

[4] 杨朝均，刘冰，毕克新.FDI技术溢出对工业企业绿色创新路径演化的影响研究——基于演化博弈模型[J].管理评论，2020，32（12）：146-155.

[5] 卫平，陈佳.OFDI对中国技术创新的实证分析——基于市场化制度视角[J].工业技术经济，2021，40（8）：3-13.

学习、竞争、匹配三条路径获取投资目的国的技术溢出。而技术吸收阶段则主要通过扩散、带动和关联三种关系将获得的技术溢出扩散、传递至母国企业、上下游及同行业。杜江、宋跃刚（2015）[1]基于全球价值链视角，认为对外直接投资主要通过向技术要素密集型的发达国家或区域进行投资，获得技术溢出从而影响跨国公司的技术创新。高寿华、严建苗（2021）[2]认为获取国外先进技术、占领东道国市场是对外直接投资的主要目的，且跨国并购、绿地投资、跨国战略联盟、设立海外研发机构是对外直接投资逆向技术溢出的路径。朱洁西、李俊江（2022）[3]研究发现，OFDI逆向技术溢出能提升发达经济体的创新能力，且能够直接促进发展中经济体的高质量发展，其创新效应区域差异明显。杨波、任飞（2023）[4]研究发现中国通过扩大双向FDI规模与提升双向FDI协调发展水平促进了经济高质量发展，并且该促进作用中存在显著的空间溢出效应，缓解了地区发展不平衡现象。并通过机制分析表明，双向FDI通过技术溢出效应、市场竞争效应与产业升级效应促进中国经济高质量发展。

（二）关于OFDI对绿色技术创新效率影响的研究

大部分成果得出了OFDI逆向技术溢出促进了绿色技术创新效率。沙文兵（2012）[5]指出中国OFDI的逆向技术溢出效应显著提升了国内技术创新能力。

---

[1] 杜江，宋跃刚.知识资本、OFDI逆向技术溢出与企业技术创新——基于全球价值链视角[J].科技管理研究，2015，35（21）：25-30.

[2] 高寿华，严建苗.FDI与OFDI对技术创新的影响——基于空间溢出视角[J].技术经济与管理研究，2021（3）：23-28.

[3] 朱洁西，李俊江.高质量发展阶段中国对外直接投资的创新效应研究——基于逆向技术溢出的视角[J].科技管理研究，2022，42（7）：53-60.

[4] 杨波，任飞.双向FDI对经济高质量发展的空间溢出效应研究[J].软科学，2023，37（11）：65-74.

[5] 沙文兵.对外直接投资、逆向技术溢出与国内创新能力——基于中国省际面板数据的实证研究[J].世界经济研究，2012（3）：69-74，89.

吴晓波、曾瑞设（2013）[1]着眼于中国对外直接投资对母国技术创新的影响及其作用机制，证明了中国高技术行业对外直接投资显著促进了母国的自主研发，进而促进了母国技术创新绩效的显著提升。陈阳阳（2014）[2]通过实证得出中国企业对外直接投资逆向技术溢出促进了绿色技术创新。孙瑞（2022）[3]通过实证得出逆向技术溢出显著促进了本国企业的绿色技术创新能力。

也有部分成果认为OFDI逆向技术溢出效应对绿色技术创新效率的影响具有非线性特征。杨朝均等（2019）[4]指出当OFDI逆向技术溢出效应处于不同水平时，对企业的影响效应具有异质性。当OFDI逆向技术溢出效应处于低水平时，技术创新实力强的企业可以通过自身强大的技术吸收能力，对新技术进行自主研发，从而成为市场引领者。当OFDI逆向技术溢出处于高水平时，企业则选择绕过自主创新、模仿绿色技术的创新路径，实现企业技术升级。朴英爱、于鸿（2022）[5]以技术差距和对外开放水平、金融发展水平、劳动者受教育程度等为门槛变量进行分析，发现这些因素达到门槛值后，OFDI逆向技术溢出对技术创新能力的促进作用则更加显著。随着门槛取值区间逐渐递进，OFDI逆向技术溢出对技术创新效率的促进作用则呈阶梯递减的非线性特征。类骁（2022）[6]指出，我国绿色创新效率提升迅速，但区域发展不均衡性。以高技术产业集聚

---

[1] 吴晓波，曾瑞设.中国对外直接投资对母国技术创新的影响：基于高技术行业面板数据的分析[J].西安电子科技大学学报（社会科学版），2013，23（5）：43-52.

[2] 陈阳阳.OFDI逆向技术溢出对我国技术创新能力的影响研究[D].长春：吉林大学，2014.

[3] 孙瑞.OFDI逆向技术溢出对技术创新能力的影响研究[D].蚌埠：安徽财经大学，2022.

[4] 杨朝均，张广欣，毕克新.对外直接投资对工业企业绿色创新路径演化的影响研究[J].软科学，2019，33（7）：63-69，93.

[5] 朴英爱，于鸿.对外直接投资逆向技术溢出对中国技术创新能力的影响——基于门槛效应的实证研究[J].山西大学学报（哲学社会科学版），2022，45（4）：135-145.

[6] 类骁，武嘉祎，韩伯棠.高技术产业集聚视域下对外直接投资的绿色创新异质溢出效应研究[J].生态经济，2022，38（11）：88-92.

为切入点，实证分析了OFDI对我国区域绿色创新效率的异质性影响，OFDI对绿色创新效率的溢出作用存在三重门槛效应。

同时，也有很多文献从区域层面研究了OFDI逆向技术溢出对绿色技术创新效率的影响。张宏、李拯非（2022）[1]认为我国中部地区的OFDI能显著提高当地的绿色创新效率，东部地区受到OFDI对自身研发资金挤占与OFDI逆向技术溢出的产生需要更高水平吸收能力的影响，西部地区受限于OFDI整体规模和研发水平等因素的相对较低，东部、西部的OFDI逆向技术溢出对本区域绿色创新效率的正向影响均不显著。刘丽云（2021）[2]分析发现，对外直接投资逆向技术溢出效应有一个结构性断点，并对东部省份的绿色创新产生了积极影响。在中西部省份，对外直接投资的三种效应都对绿色创新产生了积极影响。在高技术产业领域，朱严林、许敏（2015）[3]利用高技术产业数据实证得出，中国的OFDI促进了高技术产业技术创新，但其促进作用还尚不显著。从区域异质性来看，OFDI逆向技术溢出促进了高技术产业的技术创新，但对中部地区高技术产业的技术提升作用并不显著。郑明贵等（2022）[4]得出投资发达国家（地区）企业的对外直接投资逆向技术溢出对企业绿色技术创新效率的正向促进作用更加显著的结论。

---

[1] 张宏，李拯非.OFDI逆向技术溢出、制度创新与中国经济高质量发展——基于30省际面板数据的空间效应分析[J].山东大学学报（哲学社会科学版），2022（3）：115-127.

[2] LIU Liyun,et al. Structural breakpoints in the relationship between outward foreign direct investment and green innovation: An empirical study in China[J]. Energy Economics, 2021(103): 105578.

[3] 朱严林，许敏.对外直接投资逆向技术溢出对我国高技术产业技术创新的影响研究[J].科技管理研究，2015，35（3）：81-86.

[4] 郑明贵，郑雯芳，尤碧莹.OFDI对企业绿色创新的影响研究[J/OL].管理现代化，2022（6）：99-105.

（三）长江经济带OFDI影响绿色技术创新效率的研究

通过对外直接投资获取国外技术的溢出和先进知识，已成为我国推动技术进步和自主创新的主要渠道之一。近年来，长江经济带OFDI的规模呈现逐年快速增长的态势，绿色技术创新效率也日益提升。大部分研究成果得出了OFDI对区域绿色创新效率存在显著的促进效应的结论。孔群喜等（2019）❶考察了对外直接投资逆向技术溢出、市场分割对长江经济带绿色技术创新的影响，得出中国企业OFDI逆向技术溢出促进了绿色技术创新效率，但市场分割阻碍了绿色技术创新水平的提升的结论。闫华飞（2022）❷与马大来等（2022）❸均指出科技创新环境优化、对外开放程度加深对工业绿色技术创新效率具有显著的正向影响。谭丽（2022）❹研究发现长江经济带的OFDI逆向技术溢出和国内研发投入均显著提升了自主创新的能力，但国内研发投入对自主创新的促进效应要大于OFDI逆向技术溢出对其的促进效应。冯德连、白一宏（2021）❺以技术差距作为门槛变量，实证发现OFDI逆向技术溢出区与域创新能力之间存在非线性关系，当技术差距大于门槛值时，OFDI逆向技术溢出会显著提升区域创新能力。

---

❶ 孔群喜，陈慧，倪晔惠.中国企业OFDI逆向技术溢出如何提升绿色技术创新——基于长江经济带的经验证据[J].贵州财经大学学报，2019（4）：100-111.

❷ 闫华飞，肖静，冯兵.长江经济带工业绿色技术创新效率评价及其影响因素分析[J].统计与决策，2022，38（12）：96-101.

❸ 马大来，赵娜，李青松.长江经济带工业绿色创新效率的时空演化及其影响因素研究[J].生态经济，2022，38（2）：43-50，58.

❹ 谭丽.对外直接投资逆向技术溢出对长江经济带自主创新的影响研究[D].重庆：重庆工商大学，2022.

❺ 冯德连，白一宏.长江经济带对外直接投资的逆向技术溢出效应与区域创新能力[J].安徽大学学报（哲学社会科学版），2021，45（1）：115-123.

三、关于对外贸易对绿色技术创新效率影响的研究

（一）关于出口贸易对绿色技术创新影响的研究

《2022年全球环境绩效指数（EPI）报告》显示，我国的环境绩效指数在全球180个国家里排名第160位，还有很大的提升空间。同时，世界贸易组织公布了2022年全球出口贸易排名，中国依然居于榜首，并且多年来一直保持全球最大出口国的地位。出口贸易作为中国的发展优势以及技术溢出的重要渠道之一，研究出口贸易对绿色技术创新效率的影响，对促进我国绿色创新技术的发展和绿色低碳转型具有重要意义。

关于出口贸易对绿色技术创新影响机制的研究。易靖韬（2009）❶基于企业异质性模型，提出出口贸易通过出口学习和自我选择两种效应来影响企业的绿色技术创新。邢孝兵等（2018）❷分析了产品异质性引起的出口技术溢出效应差异，并以创新资源和技术机会为切入点分析了不同技术结构的出口商品对世界技术创新活动空间差异的影响机制。武力超等（2022）❸将出口贸易分为"竞争效应""规模经济效应""绿色贸易壁垒倒逼效应""出口学习效应"，并分析了这四大效应对企业绿色技术创新活动的影响。

出口贸易对绿色技术创新效率的影响基于学者考虑的角度不同，呈现正、反两种影响效力。正面影响，如类骁、韩伯棠（2019）❹认为出口贸易提高了

---

❶ 易靖韬.企业异质性、市场进入成本、技术溢出效应与出口参与决定[J].经济研究，2009，44（9）：106-115.

❷ 邢孝兵，徐洁香，李子怡.出口商品结构对全球技术创新空间差异的影响研究[J].财贸研究，2018，29（8）：39-48.

❸ 武力超，丛姗，林澜，李嘉欣.出口对企业绿色技术创新的理论与实证研究[J].南方经济，2022（8）：52-72.

❹ 类骁，韩伯棠.贸易溢出对我国绿色技术创新效率的影响研究——基于环境规制的门槛效应实证[J].生态经济，2019，35（8）：163-166.

人均收入,激发了人们对绿色产品的需求,刺激了绿色技术创新产出。史长宽(2019)[1]认为在国际贸易中由于存在激烈的竞争和地区习惯差异,出口者会更有动力了解国外消费者对产品的特殊需求和建议,在这种情况下,能够促进国内企业的绿色技术创新。丛姗(2020)[2]分析了出口贸易对绿色技术创新效率的影响机制,通过实证分析发现出口贸易通过竞争促进效应、绿色贸易壁垒的倒逼机制、出口学习效应和规模经济效应四大效应对企业绿色技术创新产生显著的促进作用。邹武鹰、亓朋(2008)[3]认为出口贸易以技术溢出为媒介对地区的技术创新产生了正向的影响,推动了地区创新能力的提升。李兵(2016)[4]认为出口对不同技术程度企业的自主技术创新影响是不同的,技术程度越高的企业,出口越能促进企业的自主技术创新,反之则影响并不显著。李平、田朔(2010)[5]实证分析发现出口贸易的水平效应对技术创新有显著的促进作用,而出口贸易的后向溢出对技术创新的影响并不显著,但从行业异质性方面分析,出口贸易也能带来正向技术溢出效应。

也有一些研究认为出口贸易抑制了绿色技术创新效率。如苏桔芳等(2011)[6]认为中国为在出口贸易中取得竞争的优势地位,降低了环境规制水

---

[1] 史长宽.国际资本和贸易影响绿色技术创新的机理分析[J].中国经贸导刊(中),2019(3):22-23.

[2] 丛姗.出口对企业绿色技术创新的影响研究[D].厦门:厦门大学,2020.

[3] 邹武鹰,亓朋,许和连.出口贸易对我国技术创新的影响效应研究[J].湖南大学学报(社会科学版),2008(4):57-63.

[4] 李兵,岳云嵩,陈婷.出口与企业自主技术创新:来自企业专利数据的经验研究[J].世界经济,2016,39(12):72-94.

[5] 李平,田朔.出口贸易对技术创新影响的研究:水平溢出与垂直溢出——基于动态面板数据模型的实证分析[J].世界经济研究,2010(2):44-48,88.

[6] 苏桔芳,廖迎,李颖.是什么导致了"污染天堂":贸易还是FDI?——来自中国省级面板数据的证据[J].经济评论,2011(3):97-104,116.

平，对国家的环境保护产生了直接的负面影响，抑制了绿色创新技术的发展。邝嫦娥、路江林（2019）[1]认为出口贸易开放程度显著抑制了绿色技术创新，因为政府吸引了很多会带来大量污染的企业，而引进的外商直接投资大多数都投资的是技术较落后的行业，所以企业的技术难以转化，抑制了绿色技术创新效率的提升。同时有学者发现在环境规制和贸易结构升级交互作用的情况下对绿色创新技术存在相反的作用。王洪庆、张莹（2020）[2]从环境规制和贸易结构升级联合视角分析国际贸易对绿色技术创新的影响，发现进口贸易结构升级显著促进了绿色技术创新效率，但出口贸易结构升级抑制了绿色技术创新，且区域异质性明显。

（二）关于进口贸易对绿色技术创新影响的研究

关于进口贸易影响绿色技术创新效率影响的机制和原理研究。王俊（2013）[3]利用知识生产函数方法建立了国际R&D溢出方程，验证了跨国贸易技术溢出与制造业发展的关系，发现进口贸易技术溢出对制造业技术创新的促进作用最为显著，而对出口贸易则不显著，因此研究认为通过进口贸易提升技术创新效果较为显著，而出口贸易、交流学习等方式促进技术创新较为困难。由此可知，如果在一定程度上加强各方面的进口，则更有利于技术创新发展。肖文、林高榜（2011）[4]基于知识驱动的内生增长模型，扩展了Coe-Helpman的

---

[1] 邝嫦娥，路江林.环境规制对绿色技术创新的影响研究——来自湖南省的证据[J].经济经纬，2019，36（2）：126-132.

[2] 王洪庆，张莹.贸易结构升级、环境规制与我国不同区域绿色技术创新[J].中国软科学，2020（2）：174-181.

[3] 王俊.跨国外包体系中的技术溢出与承接国技术创新[J].中国社会科学，2013（9）：108-125，206-207.

[4] 肖文，林高榜.海外研发资本对中国技术进步的知识溢出[J].世界经济，2011，34（1）：37-51.

研发溢出模型，基于研发溢出模型将进口渠道明确分为消费品、资本品进口，进而对两者进行比较分析。利用中国省级面板数据，实证分析了国际研发资本对我国技术进步的溢出效应，发现外商在我国投资的渠道不同，会导致技术进步的异质性。

关于进口贸易对绿色技术创新影响的研究。进口贸易技术溢出对绿色技术创新的影响尚未得出一致的结论，大部分研究结果认为进口贸易促进了绿色技术创新效率，还有一部分研究结果认为二者之间存在非线性效应。David T 和Elhanan（1995）[1]研究得出一个国家或区域的全要素生产率的提升不仅取决于国内研发资本，还取决于国外研发资本，同时表明国外研发对国内生产率具有有益影响，也就是说经济对外贸开放程度越高，有益影响就越高。陶明卉、王子龙（2020）[2]从异质视角角度深入研究国外研发投入、国外技术引进和进口贸易3种国际技术转移方式对绿色技术创新效率的影响。研究表明，国际技术转移对绿色技术创新效率的负面影响较为明显，并且3种转移方式的替代效应较为明显，绿色技术创新存在明显的循环累积效应。梁圣蓉、罗良文（2019）[3]的研究表明，国际研发资本技术溢出比国内研发资本技术溢出对绿色技术创新效率的提升要大，FDI技术溢出对绿色技术创新效率的提升作用最为显著，进口贸易排名第二，说明进口贸易技术溢出对绿色技术创新效率的提升起重要作用。齐绍洲、徐佳（2018）指出进口贸易对绿色技术的影响存在非线性效应，以基础设施、经济发展水平、制度质量和金融发展为门槛变量时，

---

[1] DAVID T, et al. International R&D spillovers[J]. European Economic Review, 1995（5）: 859-887.

[2] 陶明卉, 王子龙. 异质视角下国际技术转移对绿色技术创新效率的影响分析[J]. 河南科学, 2020, 38（7）: 1140-1147.

[3] 梁圣蓉, 罗良文. 国际研发资本技术溢出对绿色技术创新效率的动态效应[J]. 科研管理, 2019, 40（3）: 21-29.

进口贸易对绿色技术创新的影响由抑制转为促进。沈能、李富有（2012）提出以技术势差为门槛变量时，进口贸易的技术溢出效应有显著的门槛效应❶。Shang Lina等（2021）❷实证发现进口贸易能显著促进绿色技术创新，在更严格的环境法规约束下，进口贸易对绿色技术创新具有更显著的正向影响作用，环境规制在较大程度上可以进一步增强高吸收能力地区和高研发投入地区进口贸易的技术溢出效应。邢孝兵等（2018）❸研究发现高技术水平产品和低技术水平产品的进口对技术创新的作用相反，其中高技术水平进口产品抑制了技术创新，而低技术水平进口产品促进了技术创新。谢建国、周露昭（2009）❹通过分析进口贸易对东部和中部地区技术外溢的作用对比，发现东、西部区域进口贸易技术溢出显著促进了企业的技术进步，西部地区的进口贸易技术外溢效应显著提升了企业的技术创新效率，但对技术进步促进作用不显著。Sun Weize等（2022）❺提出在可持续发展的背景下，绿色技术创新具有更高的技术实力，更符合国际发展要求，是企业应对贸易环境变化的有力支撑。

综上所述，目前关于FDI、OFDI和进口贸易对绿色技术创新效率的影响的研究逐渐增多，且得出了很多有意义的结论，这为本研究奠定了坚实的基础，

---

❶ 沈能，李富有.技术势差、进口贸易溢出与生产率空间差异——基于双门槛效应的检验[J].国际贸易问题，2012（9）：108-117.

❷ SHANG Lina, TAN Deqing, FENG Suling, et al. Environmental regulation,import trade,and green technology innovation[J].Environmental science and pollution research international, 2021, 29（9）：12864-142874.

❸ 邢孝兵，徐洁香，王阳.进口贸易的技术创新效应：抑制还是促进[J].国际贸易问题，2018（6）：11-26.

❹ 谢建国，周露昭.进口贸易、吸收能力与国际R&D技术溢出：中国省区面板数据的研究[J].世界经济，2009，32（9）：68-81.

❺ SUN Weize, YU Mingtao, ZHANG Haotian, et al. Does Uncertainty of Trade Environment Promote Green Technological Innovation? Empirical Evidence from China[J]. Sustainability, 2022, 14（23）：1-22.

但是这三条国际技术溢出渠道对绿色技术创新效率的影响还没有统一的结论，且以长江经济带为例进行研究的成果相对较少。本书旨在前人的基础上，分析国际技术溢出对绿色技术创新的动态效应、空间效应和门槛效应，以期为长江经济带绿色发展做出贡献。

第三节　关于对外开放、绿色技术创新与产业结构的研究

提升长江经济带绿色技术创新水平，最终目的是实现产业的转型升级，形成绿色技术创新与产业结构的良性发展。为了更好地促进长江经济带低碳发展，本研究将进一步分析对外开放视角下绿色技术创新效率对产业结构升级的促进作用。

一、关于绿色技术创新对产业结构影响的研究

国内外学者关于二者关系的研究成果非常丰富，且基本一致认为绿色技术创新有利于优化产业结构。Audretsch D and Feldman M（1996）[1]实证研究认为创新活动的集聚特征促进了绿色技术创新水平的提升，进而促进产业结构合理化。Lahorgue M A, DA Cunha N（2004）[2]认为在中小企业之间、中小企业和大企业之间的技术交流，有助于促进区域产业结构升级。Michael Peneder

---

[1] AUDRETSCH D, FELDMAN M.Innovative clusters and the industry life cycle[J]. Review of industrial organization, 1996, 11（2）：253-273.

[2] LAHORGUE M A,DA Cunha N.Introduction of innovations in the industrial structure of a developing region: the case of the Porto Alegre Technopole "Home Brokers" Project[J]. International of technology management& stainable development, 2004, 2（3）：191-204.

（2003）[1]以部分OECD国家为案例进行实证研究，发现绿色技术创新促进了产业结构优化。

L.Greunz（2004）[2]选取欧洲150多个区域为样本，发现绿色技术创新对产业结构会产生正向影响。卫平、张玲玉（2016）[3]认为自主创新促进了产业结构优化，但是由于我国外商直接投资结构处于产业链低端，技术引进阻碍了产业结构优化进程。龚轶等（2013）[4]研究发现企业技术创新通过提升劳动生产力、降低企业成本共同作用促进产业结构优化。江三良、纪苗（2019）[5]认为技术创新不仅促进了本地产业结构优化，还有助于邻近地区合理化发展。

二、关于对外开放对产业结构的影响研究

关于对外开放对产业结构影响的研究从内容上讲，包括资本对外开放对产业结构的影响和贸易对外开放对产业结构的影响两个方面，但是都没有得出定论。

（一）关于资本对外开放对产业结构的影响

很多学者用FDI水平来表示资本对外开放水平，而且认为FDI有利于产业结

---

[1] MICHAEL Peneder.Industrial Structure and Aggregate Growth[J]. Structural Change and Economic Dynamics，2003（14）：427-448.

[2] GREUNZ. L Industrial Structure and Innovation Evidence From European Regions[J]. Journal of Evolutionary Economics，2004（5）：936-937.

[3] 卫平，张玲玉.不同的技术创新路径对产业结构的影响[J].城市问题，2016（4）：52-59.

[4] 龚轶，顾高翔，刘昌新，等.技术创新推动下的中国产业结构进化[J].科学学研究，2013，31（8）：1252-1259.

[5] 江三良，纪苗.技术创新影响产业结构的空间传导路径分析[J].科技管理研究，2019，39（13）：15-23.

构的优化。Grossman和Helpman（2002）❶、Desai和Foley（2005）❷、Ghodeswar和Vaidyanathan（2008）❸实证研究发现FDI主要是通过外包渠道促进发展中国家的产业发展。王静（2013）❹发现FDI对产业结构优化有显著的促进作用。凌丹等（2018）❺认为FDI技术溢出显著促进了国内技术进步进而推动产业结构升级。也有部分学者认为FDI抑制了产业结构优化。Tanna（2009）❻认为东道国对大量引进的外资容易产生依赖，这不利于技术水平的提升，会抑制产业升级和优化。Haddad和Harrison（1993）❼、Aitken和Harrison（1999）❽、Blomstrom和Sjoholm（1999）❾分别以摩洛哥、委内瑞拉和印度尼西亚的制造业为案例进

---

❶ GROSSMAN G M, HELPMAN E. Intergration versus outsourcing in industry equilibrium[J]. Quarterly Journal of Economics, 2002 (117): 85-120.

❷ DESAI M A, FOLEY C F, HINES J R. Foreign direct investment and the domestic capital stock[J]. American Economic Review, 2005 (95): 33-38.

❸ GHODESWAR B, VAIDYANATHAN J. Business process outsourcing: an approach to gain access to world-class capabilities[J]. Business Process Management Journal, 2008 (14): 23-28.

❹ 王静.FDI技术溢出对我国产业结构优化的影响——基于PVAR的分析[J].经济与管理，2013，27（9）：63-69.

❺ 凌丹，赖伟豪，刘慧岭.双向FDI技术溢出、技术进步与产业结构升级[J].武汉理工大学学报（社会科学版），2018，31（6）：62-69.

❻ TANNA S. The impact of foreign direct investment on total factor productivity growth: International evidence from the banking industry[J]. Managerial Finance, 2009, 35 (3): 297-311.

❼ HADDAD M, HARRISON A. Are there positive spillovers from FDI? Evidence from panel data for Morocco[J]. Journal of Development Economics, 1993 (42): 51-74.

❽ AITKEN B J, HARRISON A E. Do domestic firms benefit from direct foreign investment? Evidence from Venezuela[J]. The American Economic Review, 1999, 89 (3): 605-618.

❾ BLOM M, SJOHOLM F. Technology transfer and spillovers: does local participation with multinationals matter? [J]. European Economic Review, 1999 (43): 915-923.

行研究发现外资抑制了东道国的产业结构优化。李晓钟（2014）[1]提出FDI不仅促进了我国产业结构的整体优化，还促进了第二、三产业内结构的优化，但由于外资的核心技术难以溢出，我国以加工贸易为主的贸易模式及承接了发达国家的污染产业转移等原因阻碍了我国产业结构的转型升级。还有一些文献认为FDI与产业结构之间不是单纯的线性关系。张鹏、邹家骏（2019）[2]研究发现FDI的技术溢出效应与东道国的产业结构优化升级不是简单的线性关系。何宜庆、吴铮波（2019）[3]研究发现技术创新水平与产业结构升级呈正"U"型，说明技术创新对产业结构的影响存在门槛效应。李庭辉、董浩（2018）[4]通过研究发现技术创新对产业结构优化调整的倒"U"型关系。王静（2014）[5]研究发现，市场化程度越高，FDI对产业结构优化升级的促进作用就越大。

（二）关于贸易对外开放对产业结构的影响

一方面，很多学者认为对外贸易有利于产业结构的优化。Nair等（2006）[6]以马来西亚为例发现贸易开发与制造业升级呈正相关。卜伟、杨玉

---

[1] 李晓钟.FDI对我国产业结构转型升级的影响[J].社会科学家，2014（9）：6-12.

[2] 张鹏，邹家骏.FDI与产业结构变迁——来自中国的经验证据[J].产业经济评论，2019（3）：5-20.

[3] 何宜庆，吴铮波.高等教育发展、技术创新水平与产业结构升级——基于长江经济带的空间效应研究[J].高校教育管理，2019，13（3）：79-88,96.

[4] 李庭辉，董浩.基于LSTAR模型的技术创新与产业结构关系实证研究[J].中国软科学，2018（6）：151-162.

[5] 王静.FDI促进中国各地区产业结构优化的门限效应研究[J].世界经济研究，2014（3）：73-79,89.

[6] NAIR M, MADHAVAN K, VENGEDASLAM D. The Effect of Trade on Manufacturing Industry in Malaysia: Strategies to Enhance its Competitiveness[J]. International Journal of Management, 2006, 23（4）：878-893.

霞（2019）[1]认为从长期视角看，货物贸易有利于促进产业结构升级。黄凌云、张宽（2020）[2]认为从整体上看，扩大贸易开放水平提升了城市的创新能力。特别指出在经济发达地区，贸易开放可以通过产业结构的升级来提升中国城市的创新能力。孙丽（2019）[3]研究认为中日贸易结构的升级对中国产业结构转型升级产生了重要的积极影响。蔡海亚、徐盈之（2017）[4]认为贸易开放不仅可以加快产业结构的整体优化，还有助于工业与服务业内部行业的变革。傅强、黎秀秀（2014）[5]认为贸易开放度的提高能促进国内的产业结构升级。另一方面，也有一些学者认为对外贸易对产业结构的影响存在非线性关系。栾申洲（2018）[6]研究结果表明，对外贸易对产业结构的影响表现为非线性的"U"型关系。杨丹萍、杨丽华（2016）[7]研究发现随着贸易水平的提升，产业结构水平呈现先下降后上升态势。

---

[1] 卜伟，杨玉霞，池商城.中国对外贸易商品结构对产业结构升级的影响研究[J].宏观经济研究，2019（8）：55-70.

[2] 黄凌云，张宽.贸易开放提升了中国城市创新能力吗？——来自产业结构转型升级的解释[J].研究与发展管理，2020（3）：1-20.

[3] 孙丽.中日贸易结构的变化对中国产业结构转型升级的影响[J].东北亚论坛，2019，28（6）：95-111，125.

[4] 蔡海亚，徐盈之.贸易开放是否影响了中国产业结构升级？[J].数量经济技术经济研究，2017，34（10）：3-22.

[5] 傅强，黎秀秀.贸易开放度、产业结构升级与经济增长[J].工业技术经济，2014，33（3）：115-120.

[6] 栾申洲.对外贸易、外商直接投资与产业结构优化[J].工业技术经济，2018，37（1）：86-92.

[7] 杨丹萍，杨丽华.对外贸易、技术进步与产业结构升级：经验、机理与实证[J].管理世界，2016（11）：172-173.

三、关于绿色技术创新、对外开放和产业结构三者关系的研究

关于绿色技术创新,对外开放和产业结构之间关系的研究成果较少,由于三者之间的关系较为复杂,所以得出的结论并没有统一,这说明三者之间可能存在非线性关系。张婷婷、江小国(2019)[1]将对外开放分为贸易开放和资本开放两种,发现二者对产业结构升级的影响存在异质性,表现为贸易对外开放通过抑制技术创新阻碍了产业结构优化,而资本对外开放通过促进技术创新来促进产业结构优化。陈文翔、周明生(2017)[2]研究发现自主创新和技术引进对产业结构的影响存在异质性,表现为自主创新促进了中国产业结构高级化和合理化,而技术引进阻碍了产业结构优化进程且对产业结构合理化的影响没有通过显著性检验。郑志强(2019)[3]研究发现FDI与产业结构优化呈倒"U"型关系,技术创新与产业结构优化之间存在着正相关关系。汪芳、柯皓天(2018)[4]研究发现技术进步是促进产业结构升级的最佳路径,且外资引进显著促进了中国产业结构升级。

综上所述,这些文献的研究为本文研究奠定了基础,但是存在以下问题:第一,在研究方法上,相关文献虽然从不同角度研究了绿色技术创新对产业结构的影响效应,然而,这些文献均大多数采用普通的OLS模型进行研究,没有考虑可能存在的内生性问题,所以得出的结论值得商榷。第二,关于绿色技术

---

[1] 张婷婷,江小国.对外开放能否推动长江经济带产业结构升级?——基于技术创新中介效应的实证研究[J].兰州财经大学学报,2019,35(1):13-22.

[2] 陈文翔,周明生.自主创新、技术引进与产业结构升级——基于外部性视角的省级面板数据的实证分析[J].云南财经大学学报,2017,33(4):34-44.

[3] 郑志强.FDI、技术创新与产业结构优化——基于省际面板数据的实证分析[J].西安建筑科技大学学报(社会科学版),2019,38(1):56-64.

[4] 汪芳,柯皓天.FDI促进我国产业结构升级的路径研究——基于结构方程模型[J].北京邮电大学学报(社会科学版),2018,20(1):66-75.

创新、对外开放对产业结构的影响的研究，大多数成果仅研究了产业结构的优化，运用单一指标进行研究，而实际上，产业结构优化存在很多方面，可以细化。第三，国内外学者经研究均发现绿色技术创新对产业结构优化产生了正向的影响，而关于对外开放对产业结构影响的结论不尽相同，关于绿色技术创新、对外开放和产业结构优化三者之间的关系的研究争议还很大，原因在于三者之间可能存在非线性关系。针对存在的问题，本文运用长江经济带各省（市）面板数据，对绿色技术创新、对外开放和产业结构优化三者之间的关系进行研究，并在以下三个方面进行拓展：第一，为解决模型可能存在的内生性，保证模型估计结果的准确性，选择广义矩法（sys-GMM）实证研究三者之间的关系。第二，为了保证研究的准确性，将产业结构优化按照产业结构变迁理论分为产业结构非农化和高级化两个方向进行研究，将对外开放分为资本对外开放和贸易对外开放两种情况进行研究。第三，运用门槛模型，测算分别以资本对外开放和贸易对外开放为门槛变量时绿色技术创新对产业结构优化影响的差异。

第四节　关于绿色技术、数字经济与碳排放的研究

近年来，"双碳"目标已成为世界各国的共识，我国也提出了"3060"的目标。但是我国碳减排难度很大，面临着很多挑战。提高碳生产率是实现经济绿色发展的关键途径（Zofio J L, Prieto A M, 2001）[1]，而达到碳达峰、碳

---

[1] ZOFIO J L, PRIETO A M.Environmental Efficiency and Regulatory Standards: The Case of CO_2 Emissions from OECD Industries[J]. Resource and Energy Economics, 2001, 23（1）: 63 −83.

中和在不同国家、地区之间的难度是不同的。一方面,中国的经济增长主要是以化石能源为基础的经济增长,由此会导致碳排放急剧上升(平新乔等,2020)[1],我国目前仍然处于工业化进程中,偏重的产业结构,对传统能源依赖程度高,而由于能源结构调整存在"时间滞后性",产业结构存在"碳锁定"效应,所以加大了在短期内通过调整能源结构和产业结构降低碳排放的难度。另一方面,中国经济正处在中高速增长的过程当中,但人均GDP和人均收入排名还比较靠后,因此在加速城镇化与经济增长的双重压力下,地方政府和企业缺乏碳减排的内生动力(陈菡等,2020)[2],特别是尽管国家提倡低碳发展,而地方政府会倾向于选择经济效益好的高碳产业以实现短期的经济增长(余壮雄等,2020)[3],我们面临着发展经济和降低碳排放的权衡取舍,这些因素都增加了延迟达峰的风险。长江经济带发展是中国重大国家战略之一,该区域是高端制造业较为集中的区域,是我国实现"3060"目标、实现经济转型发展的"主战场"。当前世界各国气候和环境的治理模式进入了数字经济时代,数字经济的技术效应和平台优势为实现"双碳"目标提供了巨大潜力,数字经济有望成为碳减排最关键的因素。为此,有必要研究长江经济带数字经济促进碳减排的机制与路径,以数字化来促进碳减排,这对实现碳达峰、碳中和具有重要的意义。关于数字经济、碳排放的研究主要集中于以下方面。

---

[1] 平新乔,郑梦圆,曹和平.中国碳排放强度变化趋势与"十四五"时期碳减排政策优化[J].改革,2020(11):37-52.

[2] 陈菡,陈文颖,何建坤.实现碳排放达峰和空气质量达标的协同治理路径[J].中国人口·资源与环境,2020,30(10):12-18.

[3] 余壮雄,陈婕,董洁妙.通往低碳经济之路:产业规划的视角[J].经济研究,2020,55(5):116-132.

一、关于数字经济对碳排放影响的研究

关于数字经济影响碳减排的机制和路径是目前学术界较为关注的领域。有很多学者和机构对数字经济促进碳减排的效应进行了测算,数值方面虽存在一定差异,但大多数结论均表明数字经济降低了碳排放强度。数字经济影响碳减排的因素已经被学者提及的有产业结构、能源结构、技术创新、基础设施等因素,如Chang Y F(1998)认为消费、出口结构是影响碳排放的主要因素❶。徐维祥等(2022)认为数字经济通过技术设施、结构优化、技术创新、资源配置四大效应影响碳减排,并利用2011—2017年286个城市面板数据得出数字经济发展显著改善了城市碳排放❷。而谢云飞(2022)认为能源结构改善、技术进步是数字经济影响碳减排的主要机制,并利用2011—2018年省际面板数据得出数字经济显著促进了碳减排,对中西部地区影响更为明显的结论❸。

也有文献认为数字经济对碳减排的影响存在非线性关系。缪陆军等(2022)实证发现数字经济对碳排放的影响呈倒"U"型关系,技术创新效率是影响数字经济促进碳排放产生的间接因素,且提出数字经济在影响碳减排的过程中,一方面由于数字产业化过程中,消耗大量的电力资源,会增加碳排放;另一方面,数字经济发展加大了矿产资源、稀有金属的开采力度,会提高碳排放强度❹。

---

❶ CHANG Y F, LIN S J. Structural Decomposition of Industrial CO_2 Emission in Taiwan [J]. Energy Policy, 1998, 26(1): 5-12.

❷ 徐维祥,周建平,刘程军.数字经济发展对城市碳排放影响的空间效应[J].地理研究,2022, 41(1): 111-129.

❸ 谢云飞.数字经济对区域碳排放强度的影响效应及作用机制[J].当代经济管理, 2022(4): 1-16.

❹ 缪陆军,陈静,范天正,等.数字经济发展对碳排放的影响——基于278个地级市的面板数据分析[J].南方金融, 2022(4): 1-14.

二、关于数字经济对绿色技术创新的影响研究

关于数字经济对绿色技术创新影响的研究相对较少，但结论一致认为数字经济提高了绿色技术创新效率。例如，宋洋（2020）实证得出数字经济显著促进了绿色技术创新水平的结论[1]。彭硕毅、张营营（2022）研究发现数字经济促进了企业技术创新水平，在制造业、非高技术企业和国企中效果最为显著[2]。而伦晓波、刘颜（2022）研究了数字政府、绿色技术创新和经济增长的关系，认为数字政府能够提升绿色技术创新水平，主要原因在于数字政府能够保证市场更好地发挥在经济发展中的作用，且能够激发数字经济发展潜力[3]。

三、关于绿色技术创新对碳排放影响的研究

随着全球工业发展不断扩大，全球气候问题日益凸显，因为温室气体的不断排放而导致的全球变暖更使全球生态生活环境出现了许多问题，因此气候的变化已经给人类生存和发展带来了严峻挑战。2020年9月，习近平主席在联合国大会上提出了"3060"目标，我国要用全球历史上最短的时间实现碳达峰到碳中和，完成全球最高碳排放强度的降幅，这意味着我国在产业结构、能源结构、生产和生活方式等方面都必须要发生深刻转变。这就表明了绿色技术创新在平稳实现"3060"目标过程中发挥重要作用。

---

[1] 宋洋.数字经济、技术创新与经济高质量发展：基于省级面板数据[J].贵州社会科学，2020（12）：105-112.

[2] 彭硕毅，张营营.区域数字经济发展与企业技术创新——来自A股上市公司的经验证据[J].财经论丛，2022（4）：1-14.

[3] 伦晓波，刘颜.数字政府、数字经济与绿色技术创新[J].山西财经大学学报，2022，44（4）：1-13.

在未来，技术节能仍然是我国碳减排的主要方式（刘佳骏等，2013）[1]，技术效应是环境污染的主要途径（Grossman，Krueger，2000）[2]，大部分学者认为技术创新降低了碳排放。Valentina、Carlo等（2006）实证得出技术创新促进了碳减排的结论[3]。Yin等（2015）研究发现技术进步有效抑制了碳减排[4]。王丽等（2020）认为技术创新对碳生产率具有促进作用[5]。孙振清等（2021）实证发现协同创新与碳排放之间存在非线性关系，技术创新显著降低了碳排放强度[6]。张婕等（2022）实证发现高质量技术创新在政府政策促进高耗能企业碳减排中起到有效中介作用[7]。平新乔等（2020）认为现阶段我国应该从布局新产业业态、适度推荐"新基建"、积极推动智能制造、3D打印技术，依靠技术创新优化能源结构[8]。古惠冬等（2022）实证发现绿色技术创新表现出显著的城市碳减排效应，且绿色技术创新可以通过结构优化效应和节能效应对碳排放产生间接驱动

---

[1] 刘佳骏，李雪慧，史丹.中国碳排放重心转移与驱动因素分析[J].财贸经济，2013（12）：112-123.

[2] GROSSMAN G M, KRUEGER A B. Environmental Impacts of a North American Free Trade Agreement [J]. Social Science Electronic Publishing, 2000, 8（2）: 223-250.

[3] VALENTINA B, CARLO Carroro, MARZIO Galeotti WITCH. A world induced technical change hybrid model [R].working paper, 2006: 46.

[4] YIN J, ZHENG M, CHEN J. The effects of environmental regulation and technical progress on CO_2 Kuznets curve: an evidence from China[J]. Energy policy, 2015（77）: 97-108.

[5] 王丽，张岩，高国伦.环境规制、技术创新与碳生产率[J].干旱区资源与环境，2020，34（3）：1-6.

[6] 孙振清，李欢欢，刘保留.空间关联视角下协同创新效率对区域碳减排的影响研究[J].大连理工大学学报（社会科学版），2021，42（5）：23-32.

[7] 张婕，王凯琪，张云.碳排放权交易机制的减排效果——基于低碳技术创新的中介效应[J].软科学，2022（4）：1-12.

[8] 平新乔，郑梦圆，曹和平.中国碳排放强度变化趋势与"十四五"时期碳减排政策优化[J].改革，2020（11）：37-52.

第二章 文献综述

作用[1]。徐建中等（2022）利用空间计量经济模型证实了发明型绿色技术创新和改进型绿色技术创新对CO_2排放均存在显著的抑制作用，并且前者比后者对本地区CO_2的抑制作用小于对其他地区的抑制作用。除此之外，CO_2排放的影响效应因为不同类型的绿色技术创新存在明显的区域差异[2]。邵帅等（2022）考察了绿色技术进步等多维因素对碳排放绩效的直接效应和间接效应，得出以能源效率和绿色技术创新能力表征的绿色技术进步提高了本地和空间关联地区的碳排放绩效的结论[3]。徐佳、崔静波（2020）提出企业的绿色技术创新效应主要通过替代能源生产和能源节约两类专利的申请数量来衡量，政府的试点政策显著促进了高碳行业、非国有企业的绿色技术创新[4]。李新安、李慧（2021）研究发现绿色技术创新抑制了劳动密集型行业与制造业的碳排放，促进了资本密集型制造业的碳排放[5]。杨蔚薇（2021）表明绿色技术创新能力抑制了制造业的碳排放，主要机理在于绿色技术创新水平的提升促进了生产流程优化、设备升级和生产方式的改良，以此实现制造业生产结构的绿色化和高级化，从而降低制造业的碳排放，达到生态环境保护的目的[6]。王淑英等（2021）分析表明，绿色产品与绿色工艺的创新对该区域的碳生产率具有显著的促进作用，而绿色产品创新会

---

[1] 古惠冬，杨维光，陈文捷.绿色技术创新对城市碳减排的效应研究[J].学术探索，2022（3）：120-132.

[2] 徐建中，佟秉钧，王曼曼.空间视角下绿色技术创新对CO_2排放的影响研究[J].科学学研究，2022，40（11）：2102-2112.

[3] 邵帅，范美婷，杨莉莉.经济结构调整、绿色技术进步与中国低碳转型发展——基于总体技术前沿和空间溢出效应视角的经验考察[J].管理世界，2022，38（2）：46-69，4-10.

[4] 徐佳，崔静波.低碳城市和企业绿色技术创新[J].中国工业经济，2020（12）：178-196.

[5] 李新安，李慧.制造业高质量发展视阈下绿色技术创新的碳排放效应研究[J].创新科技，2021，21（6）：61-73.

[6] 杨蔚薇.绿色技术创新对制造业碳排放的影响研究[D].郑州：河南财经政法大学，2021.

抑制周边区域碳生产率的提升，但绿色工艺创新对周边区域碳生产具有显著的正向作用[1]。周键、刘阳（2021）研究表明创业企业绿色技术创新有助于提升创业企业的碳减排担当[2]。张修凡、范德成（2021）得出绿色信贷制度与碳排放权交易机制对提升低碳技术创新能力有显著的协同效应的结论[3]。刘忍妹、刘明显（2022）通过分析绿色金融对农业碳减排的影响机制，以此说明通过绿色金融的不断发展可以促进农业技术升级从而降低农业碳排放，以实现农业经济的清洁化、绿色化、可持续化发展的目的。[4]

也有一些学者认为绿色技术创新促进了碳排放。Acemoglu等（2012）实证得出技术创新增加了碳排放的结论[5]。张文彬等（2015）发现广义技术进步和能源利用技术进步增加了碳排放[6]。肖雁飞等（2017）实证得出自主研发、技术引进促进了碳排放，消化吸收能力则降低了碳排放强度的结论[7]。

也有研究结果认为绿色技术创新与碳排放并不是简单的线性关系。胡习习、石薛桥（2022）通过以东北地区为例研究得出绿色技术创新对碳排放绩效

---

[1] 王淑英,程南皓,卫朝蓉.绿色技术创新与碳生产率的空间溢出效应——基于政府支持的调节作用研究[J].管理现代化,2021,41（5）：87-92.

[2] 周键,刘阳.制度嵌入、绿色技术创新与创业企业碳减排[J].中国人口·资源与环境,2021,31（6）：90-101.

[3] 张修凡,范德成.我国碳排放权交易机制和绿色信贷制度支持低碳技术创新的路径研究[J].湖北社会科学,2021（11）：71-83.

[4] 刘忍妹,刘明显.绿色金融的发展对农业碳排放的影响——基于农业技术创新视角[J].农业与技术,2022,42（15）：160-163.

[5] ACEMOGLU D,AGHION P,HEMOUS B D. The Environment and Directed Technical Change[J]. The American Economic Review,2012，102（1）：131-166.

[6] 张文彬,李国平.中国区域经济增长及可持续性研究：基于脱钩指数分析[J].经济地理,2015（11）：8-14.

[7] 肖雁飞,廖双红,王湘韵.技术创新对中国区域碳减排影响差异及对策研究[J].环境科学与技术,2017,40（11）：191-197.

存在双门槛回归效应,并且两者呈"U"型关系[1]。程娜、陈成(2021)利用DSGE模型发现绿色技术在2021—2030年对碳排放强度降低的作用效果明显,能同时实现经济增长与降低碳排放强度的目标[2]。陈向阳(2020)研究发现由银行主导的金融结构使各区域的二氧化碳排放量有明显增加,现有金融体系不能满足绿色发展的内在需求,绿色金融供给不足制约了绿色发展[3]。

四、关于长江经济绿色技术创新对碳排放的影响研究

长江经济带在我国经济中处于极其重要的战略地位,而碳排放也在逐年增加,这对长江经济的绿色发展造成了很大的威胁。陆凯(2021)提出绿色技术创新是促进长江经济带绿色发展的核心驱动力,但地区之间绿色发展存在不平衡问题[4]。陈婷婷(2020)通过实证测算近五年长江经济带的高技术产业发现,整体绿色技术创新能力较为稳定,但三个区域绿色技术创新能力区域差异明显,下游的绿色技术创新能力排名第一,中游排名第二,上游基本处于低等水平[5]。田红宇、关洪浪(2022)研究发现数字经济发展显著降低了粮食生产中的碳排放水平,数字经济每提高1%,粮食生产碳排放强度就会下降7.8%,经过稳健性检验结果该数据仍然可信[6]。邝嫦娥等(2022)发现碳排放强度逐

---

[1] 胡习习,石薛桥.绿色技术创新对碳排放绩效的影响研究——以东北地区为例[J].湖北农业科学,2022,61(17):5-10.

[2] 程娜,陈成.海洋碳汇、碳税、绿色技术:实现"双碳"目标的组合策略研究[J].山东大学学报(哲学社会科学版),2021(6):150-161.

[3] 陈向阳.金融结构、技术创新与碳排放:兼论绿色金融体系发展[J].广东社会科学,2020(4):41-50.

[4] 陆凯.绿色技术创新促进长江经济带绿色发展研究[D].武汉:湖北大学,2021.

[5] 陈婷婷.长江经济带高技术产业绿色技术创新能力评价研究[D].蚌埠:安徽财经大学,2020.

[6] 田红宇,关洪浪.数字经济对粮食生产碳排放的影响研究——来自长江经济带108个地级市的经验证据[J].中国农业资源与区划,2022(12):1-16.

年递减，经历了"缓慢递减—快速递减"的时序演变进程[1]。张晓菲（2016）针对性地提出适合长江经济带低碳经济发展的对策：调整能源结构，提高能源效率；优化产业结构，转变经济发展方式；提高碳汇能力，全面发展低碳经济；倡导低碳生活[2]。

过去几十年，我国大量利用能源导致环境、气候不断恶化，所以我们需要利用新的绿色技术来控制碳排放。综上所述，绿色创新技术可以让更多资源高效、绿色、可持续，但由于我们自身技术、设备的不成熟，多数地方绿色技术创新能力较低，还要面对许多挑战，还有很多需要去改变。越来越多的学者关注并研究了数字经济、绿色技术创新和碳排放之间的关系，这些成果为厘清三者之间的内在机制提供了有益借鉴。但已有的研究大多数是从全国层面分析三者之间的关系，鲜有成果基于区域视角的以绿色技术创新为切入点探讨数字经济与碳排放的传导机制。鉴于此，本研究以长江经济带为例，在理论分析数字经济推动碳减排的影响机制基础上，对长江经济带各区域2011—2020年的数字经济发展水平和技术创新水平进行测算，运用多种计量模型分析数字经济对碳减排的影响。

本书在以下方面进行的创新：一是借鉴前人的研究成果，从理论上系统分析数字经济与碳排放相互作用的内在机制。二是构建中介效应模型，从绿色技术创新角度，检验数字经济影响碳减排的中介机制。总体而言，长江经济带区域中绿色技术创新在数字经济促进碳减排中发挥着显著的中介效应，但这个中介效应具有区域异质性，在上游区域显著，绿色技术创新为主要中介效应因子。在中下游区域不显著，存在遮掩效应。三是进一步以能源结构、产业结构、绿色技术创新等为门槛变量，分析数字经济对碳减排的非线性影响。

---

[1] 邝嫦娥,李文意,黄小丝.长江中游城市群碳排放强度与经济高质量发展耦合协调的时空演变及驱动因素[J].经济地理,2022,42（8）：30-40.

[2] 张晓菲.长江经济带低碳经济发展水平研究[D].重庆：重庆工商大学,2016.

第三章

长江经济带绿色技术创新效率测评及因素分解

第一节　绿色技术创新效率的评价指标

习近平总书记多次提到"要推动绿色低碳发展，促进绿色技术创新"，新发展理念也进一步强调了"绿色"的重要性，绿色技术创新效率与传统技术创新效率的关键区别在于是否考虑环境效益（LID，2020）。[1]因此，近年来众多学者将环境因素引入指标体系，分析评价我国的绿色技术创新效率，孙丝雨、安增龙（2016）[2]，张洪潮等（2017）[3]，钱丽等（2015）[4]基于企业创新价值链理论，将企业技术创新的过程分为技术开发和技术成果转化两个阶段，依据两阶段发展理论，实证分析并评价我国绿色技术创新效率发展状况，也有学者从理论角度和计量方法两个层面创新评价绿色技术创新效率，沈能、周晶晶（2018）[5]以技术异质性为基础，分析评价绿色技术创新效率。张辽、黄蕾琼

---

[1] LI D, ZENG T. Are China's intensive pollution industries greening? An analysis based on green innovation efficiency[J]. Journal of Cleaner Production, 2020（259）：120901.

[2] 孙丝雨，安增龙.两阶段视角下国有工业企业绿色技术创新效率评价——基于网络EBM模型的分析[J].财会月刊，2016，783（35）：20-25.

[3] 张洪潮，李芳，张静萍.资源型区域工业企业两阶段技术创新效率评价——基于绿色增长视角[J].科技管理研究，2017，37（8）：69-76.

[4] 钱丽，肖仁桥，陈忠卫.我国工业企业绿色技术创新效率及其区域差异研究——基于共同前沿理论和DEA模型[J].经济理论与经济管理，2015，289（1）：26-43.

[5] 沈能，周晶晶.技术异质性视角下的我国绿色创新效率及关键因素作用机制研究：基于Hybrid DEA和结构化方程模型[J].管理工程学报，2018，32（4）：46-53.

（2020）❶利用三阶段SBM-DEA模型，剔除了影响测评的外部环境。可见我国关于绿色技术创新效率测评的研究数量众多，且角度丰富，但以长江经济带为样本区域，从研发投入视角构建绿色技术创新效率评价指标体系的研究较为缺乏，相比单一指标和主成分分析法的综合指标视角，基于价值链视角的技术创新效率测评可以反映企业技术创新活动的内部运营机制。由于长江经济带地区是我国的重大国家战略发展区域，横跨东、中、西三大区域，研究其绿色技术创新效率对促进该区域经济高质量发展具有重要意义。因此，本研究将利用价值链理论构建长江经济带绿色技术创新效率评价体系，结合绿色发展概念，本研究将两阶段进一步分为绿色技术开发阶段和绿色技术成果转化阶段（图3-1）。

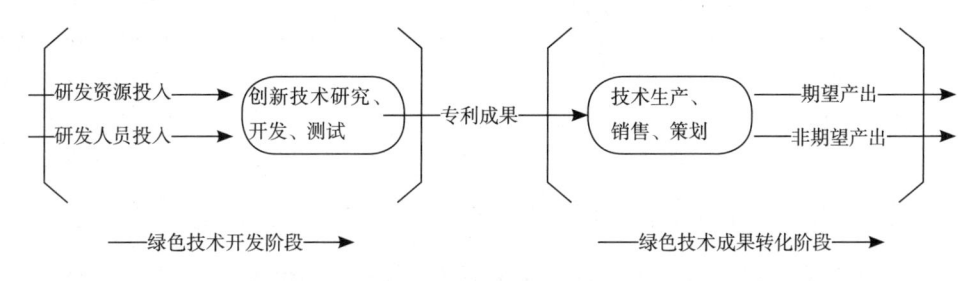

图3-1 两阶段创新价值链下绿色技术创新过程

一是绿色技术开发阶段，投入研发资源、研发人员，通过一定时间的创新技术研究、开发、测试，产出一系列的专利成果，即第一阶段包括绿色技术创新投入和中间产出。二是绿色成果转化阶段。将第一阶段的专利成果作为投入，运用生产、销售、策划手段，将投入转化为期望产出，包括专利申请授权数、国内生产总值、技术市场技术输出地域。非期望产出，包括废气中二氧化硫排放量、废水排放总量两大部分，即第二阶段包括期望产出和非期望产出（表3-1）。

---

❶ 张辽，黄蕾琼.中国工业企业绿色技术创新效率的测度及其时空分异特征——基于改进的三阶段SBM-DEA模型分析[J].统计与信息论坛，2020，35（12）：50-61.

表3-1 绿色技术创新效率评价指标体系

阶段	类别	指标及单位	数据来源
绿色技术开发阶段	投入	研究与试验发展（R&D）经费内部支出（万元）X_1；研究与试验发展（R&D）人员全时当量（人年）X_2；单位地区生产总值能源消耗总量（万吨标煤/亿元）X_3	《中国科技统计年鉴》
	中间产出	专利申请数（件）X_4	《中国科技统计年鉴》
绿色技术成果转化阶段	期望产出	专利申请授权数（件）X_5；国内生产总值/增加值（当年价）（亿元）X_6；技术市场技术输出地域（合同金额）（万元）X_7	《中国科技统计年鉴》
	非期望产出	废气中二氧化硫排放量（万吨）X_8；废水排放总量（亿吨）X_9	《中国环境统计年鉴》

一、投入

选取了研究与试验发展（R&D）经费内部支出、研究与试验发展（R&D）人员全时当量、单位地区生产总值能源消耗总量三个指标衡量。人才资源作为第一资源，是创新活动中是最为活跃最为积极的因素，一般而言，人才资源投入越多，产出的创新技术成果也越多，因此以研究与试验发展（R&D）人员全时当量用来衡量人才资源方面的投入，研发资本作为最基本的物质保障，在创新技术研究中也起着举足轻重的作用，该方面的投入除了涉及直接的资金投入，还包含资源上的消耗或器材折旧等因素，因此本书选取研究与试验发展（R&D）经费内部支出和单位地区生产总值能源消耗总量两个指标来衡量资本在资源方面的投入。

二、中间产出

选取了专利申请数一个指标衡量。尽管专利质量常常受到质疑，但相比研究与试验发展（R&D）等传统衡量技术创新的指标，在可获得性和准确性上仍更具优势（Grliches，1990）[1]，能够更好地衡量某个地区的创新水平，同时专利具有实用性的特性，本身具有制造和使用的功能，因此可作为绿色技术成果转化阶段的投入资源。基于专利的创新性和实用性，本文将专利申请数作为两阶段创新价值链的中间产出。

三、期望产出

选取了专利申请授权数、国内生产总值/增加值（当年价）、技术市场技术输出地域（合同金额）三个指标衡量。期望产出偏向于绿色创新技术所带来的实际经济、社会、环境效益，专利的授权数相对于专利的申请数更具有商业化性质，尽可能地满足技术价值和实质性创新，一般而言，国内生产总值即技术成果转化带来的直观经济效益，能够直接衡量技术成果转化的效率。创新技术的成果转化除了以促进经济增长为目的，还应考虑科技成果的技术扩散作用，技术输出能够显著提升科技的创新水平（张亚萍等，2020）[2]，因此本文将以技术市场技术输出地域（合同金额）来衡量技术成果的输出。

四、非期望产出

非期望产出主要衡量技术创新对环境的负面影响，因此基于工业污染源产生的"三废"以及结合数据的可获得性，选取了废气中二氧化硫排放量、废水排放总量两个指标衡量。非期望产出代表技术创新对环境的影响程度，区别

---

[1] GRLICHES Z. Patent Statistics as Economic Indicators: a Survey[J]. Journal of Economic Literature, 1990（12）：16-61.

[2] 张亚萍，朱录，胡兰丽.技术市场对重大科技创新影响的实证分析——技术输出与技术吸纳视角[J].科技进步与对策，2020，37（19）：24-31.

于传统的技术创新效率,即引入该指标测算的是绿色技术创新效率,一般而言,非期望产出所带来的污染程度越低,绿色技术创新效率越高。因此,需要对非期望产出相关指标进行正向化处理,由于非期望产出指标与技术创新效率呈负相关,所以本书采用Mohtadi(1996)[1]和陈诗一(2009)[2]的做法,将表征环境影响的非期望产出作为投入部分纳入技术创新的第一阶段进行测算。

根据数据的可获得性和研究目的,本书实证样本采用长江经济带地区2011—2020年九省二市面板数据,基于两阶段创新价值链投入、产出的面板数据来测算绿色技术创新的效率。数据来源于相应年份的《中国统计年鉴》《中国科技统计年鉴》《中国环境统计年鉴》。

第二节 长江经济带绿色技术创新效率的测评

一、相关性分析

在测算长江经济带地区绿色技术创新效率之前,首先进行Pearson检验,对数据进行相关性分析,结果显示(表3-2),部分指标之间相关性超过0.9,平均VIF为19.13>10。一方面说明长江经济带地区绿色技术创新指标之间以及与环境指标之间的相关性较强,这与长江经济带当前工业经济粗放型发展模式的现实相符。另一方面说明指标之间可能存在共线性问题,为了保证测算的科学

---

[1] MOHTADI H. Environment,growth,and optimal policy design[J]. Journal of public economics, 1996, 63(1): 119–140.

[2] 陈诗一.能源消耗、二氧化碳排放与中国工业的可持续发展[J].经济研究,2009(4): 41–55.

第三章 长江经济带绿色技术创新效率测评及因素分解

表3-2 各变量之间相关性检验

变量	x_1	x_2	x_3	x_4	x_5	x_6	x_7	x_8	x_9
x_1	1	—	—	—	—	—	—	—	—
x_2	0.920 6***	1	—	—	—	—	—	—	—
x_3	0.976 2***	0.939 2***	1	—	—	—	—	—	—
x_4	-0.485 5***	-0.579 5***	-0.502 9***	1	—	—	—	—	—
x_5	-0.117 1***	-0.289 5***	-0.119 8	0.695 5***	1	—	—	—	—
x_6	0.856 4***	0.780 6***	0.889 1***	-0.451 7***	0.102 9***	1	—	—	—
x_7	0.971 3***	0.393 8***	0.960 5***	-0.477 5***	-0.142 6***	0.814 9***	1	—	—
x_8	0.934 7***	0.954 4***	0.943 5***	-0.576 2***	-0.218 6***	0.861 3***	0.896 6***	1	—
x_9	0.549 9***	0.762 7***	0.573 8***	-0.515 8***	-0.493 1***	0.383 0***	0.563 5***	0.685 6***	1

注：***、**分别表示1%、5%的显著水平下拒绝原假设。

性，需要通过主成分分析法对各因素进行降维处理。

二、两阶段效率测评

对技术创新开发阶段变量进行降维处理。首先，在考虑环境指标的情况下，用主成分法测算发现KMO测度值为0.710，Bartlett's 球形检验的显著性水平为sig=0<0.05，说明数据适合做主成分分析。根据Kaiser准则，将特征根大于1作为选取因子的原则，并利用最大变异法（varimax）作为正交转轴，保留因子载荷量绝对值大于0.4的项目，提取主成分$F1$和$F2$，累积解释贡献率分别为68.059%和92.333%，因此可以代表6个投入指标的大多数信息。通过两个主成分计算，得出2011—2020年各主成分得分，由于主成分得分有很多值为负值，因此需要进行正向化处理，考虑环境情况下的绿色技术开发阶段效率。其次，用同样的方法测算出不考虑环境污染的传统技术开发效率以及绿色技术成果转化阶段效率。

用主成分分析法得出的结果计算长江经济带2011—2020年各省（市）考虑环境的绿色技术开发效率、不考虑环境的传统技术开发效率和绿色技术成果转化效率均值，按照区域计算均值得出分区域绿色技术开发效率和绿色技术成果转化效率（表3-3）。

表3-3　2011—2020年不考虑和考虑环境污染的绿色技术创新开发阶段效率均值

年份	下游 传统	下游 绿色	中游 传统	中游 绿色	上游 传统	上游 绿色	整体 传统	整体 绿色
2011	0.389 1	0.380 8	0.053 5	0.064 5	0.146 5	0.136 9	0.196 4	0.194 1
2012	0.485 7	0.472 4	0.078 2	0.091 4	0.186 8	0.176 9	0.250 2	0.246 9
2013	0.509 4	0.498 6	0.099 4	0.120 0	0.261 2	0.252 0	0.290 0	0.290 2
2014	0.443 7	0.444 2	0.142 7	0.164 3	0.295 6	0.287 0	0.294 0	0.298 5

续表

年份	下游 传统	下游 绿色	中游 传统	中游 绿色	上游 传统	上游 绿色	整体 传统	整体 绿色
2015	0.500 5	0.501 1	0.214 2	0.237 4	0.334 6	0.333 7	0.349 8	0.357 4
2016	0.615 7	0.620 2	0.323 6	0.347 7	0.345 9	0.353 3	0.428 4	0.440 4
2017	0.601 2	0.636 9	0.338 1	0.367 5	0.374 0	0.385 5	0.437 7	0.463 3
2018	0.680 1	0.724 6	0.353 3	0.386 7	0.375 7	0.392 0	0.469 7	0.501 1
2019	0.626 1	0.698 8	0.351 4	0.392 7	0.309 4	0.340 5	0.428 9	0.477 3
2020	0.705 1	0.795 5	0.388 8	0.430 6	0.353 6	0.386 0	0.482 5	0.537 4
均值	0.555 7	0.577 3	0.234 3	0.260 3	0.298 3	0.304 4	0.362 8	0.380 7

（一）绿色技术开发阶段效率与传统技术开发效率

1.绿色技术开发效率高于不考虑环境因素的传统开发效率

整体而言，长江经济带2011—2020年传统技术开发效率和绿色技术开发效率的均值分别为0.3628、0.3807，差距不明显，同时大多数年份绿色技术开发效率比传统技术开发效率高。这说明长江经济带的生态保护效果较好，绿色技术创新成果丰硕，为长江经济带在新发展格局下经济高质量发展奠定了良好的物质、技术基础，同时有助于长江水资源的保护。

2.从区域来看，下游的绿色技术创新效率增长要远高于中、上游地区

2011—2020年中游地区的绿色技术开发效率均高于传统技术开发效率，且差距逐年拉大。下游和上游呈现由低转向高的趋势。无论是否考虑环境因素，长江经济带上、中、下游[1]技术开发效率大小规律均为下游>中游>上游，2011—2018年上游>中游，2019—2020年中游>下游。从均值来看，下游>上游>

---

[1] 注：按照一般划分方法：下游地区包括上海、浙江、江苏、安徽，中游地区包括江西、湖北、湖南，上游地区包括重庆、四川、贵州、云南。

中游，与黄磊、吴传清❶（2021）的研究结论一致。可能的原因在于下游地区初期存在以牺牲环境资源促进技术开发效率的高效增长的情况，但该地区逐渐认识到环境对经济可持续发展的重要性，因此积极推进绿色创新技术转型，同时凭借着自身的资源、区位、产业、人才等优势，在技术创新方面领先中、上游地区。而中、上游地区的技术开发效率发展虽然相对平衡，但上游地区的发展速度慢于中游地区。

3.从省（市）来看，各省（市）之间差距明显

上海、安徽、江西、湖北、湖南、重庆、四川7个省（市）的绿色技术开发效率均值高于传统技术开发效率均值，可见环境因素对促进技术开发效率具有显著的促进作用。绿色技术开发效率前三名省（市）分别为江苏、浙江、安徽，其中江苏省为0.755 7，明显高于其他省（市），其绿色技术开发走在前列，而云南省为0.138 2，绿色技术开发还有较大提升空间，省（市）之间的发展差距比较明显。

4.从时序上看，长江经济带地区整体及各区域绿色技术开发效率总体上均呈现增长趋势

下游地区的发展波动较大、不稳定，上游地区常年保持增长趋势，但在2019—2020年持续下降，中游地区及整体区域呈现逐年比较稳定的增长趋势，虽然部分地区存在一定的不稳定发展情况，但总的来说影响较小，整体发展趋势良好，这说明中国实施创新驱动发展战略以来，长江经济带的创新环境和制度逐渐完善。

（二）绿色技术成果转化阶段效率

从绿色技术成果转化阶段效率来看，因为环境因素被纳入第一阶段，所以

---

❶ 黄磊，吴传清.长江经济带城市绿色技术创新效率及其动力机制研究[J].重庆大学学报（社会科学版），2021，27（1）：50-64.

本阶段不区分是否引入环境因素（表3-4）。

表3-4 2011—2020年长江经济带绿色技术成果转化效率均值

年份	下游	中游	上游	整体
2011	0.188 5	0.055 8	0.031 5	0.091 9
2012	0.228 6	0.071 0	0.043 9	0.114 5
2013	0.243 7	0.091 5	0.054 8	0.130 0
2014	0.248 5	0.110 1	0.065 0	0.141 2
2015	0.284 1	0.133 6	0.076 7	0.164 8
2016	0.305 1	0.151 1	0.086 7	0.181 0
2017	0.331 8	0.172 7	0.097 9	0.200 8
2018	0.414 5	0.207 0	0.141 2	0.254 2
2019	0.478 8	0.248 7	0.160 8	0.296 1
2020	0.603 9	0.294 9	0.178 9	0.359 2
均值	0.332 8	0.153 6	0.093 7	0.193 4

1.长江经济带绿色技术转化效率整体偏低

从整体来看，长江经济带绿色技术成果转化效率均值为0.193 4，相对于第一阶段整体偏低，仍有较大提升空间。

2.各区域差异显著，技术成果转化发展不平衡

从区域来看，绿色技术成果转化效率均值分别为下游（0.3328）、中游（0.1536）、上游（0.0937），各区域差异显著，技术成果转化发展不平衡，中游在两阶段绿色技术创新效率中第二阶段明显优于第一阶段，上游第一阶段优于第二阶段，下游均保持高水平。

3.从省（市）来看

绿色技术成果转化效率前三名分别为江苏、浙江、上海，后三名分别为重庆、云南、贵州。其中江苏、浙江在两阶段技术创新效率中均靠前，说明两地绿色低碳产业发展较快，绿色技术创新带来的经济效益显著，云南在两阶段技术创新效率中排名靠后，是未来政策改革的重点关注对象。

4.从时间来看

长江经济带整体及各区域绿色技术成果转化效率均呈稳步逐年上升趋势，说明长江经济带地区对绿色科技成果后续的开发、应用、策划，促进新的产业、产品的产生，在创造技术的实用价值等方面发展迅速，为实现长江经济带的绿色"蝶变"提供有力支撑。

第三节　长江经济带绿色技术创新因素分解

为进一步探讨影响长江经济带绿色技术创新效率的要素，本文利用长江经济带2011—2020年各指标投入、产出的数据进行测算，考虑前文person相关系数、VIF的检验结果，因为数据之间有较强的相关性，会降低技术创新效率值的可区分度，所以本部分会在测算绿色技术创新效率值的时候先用主成分分析法对数据进行降维处理后，再用规模效益可变模型（VRS）测算出各个区域分年的绿色技术创新效率因素分解值及各个省（市）分年的传统技术创新效率和绿色技术创新效率因素分解值，结果见表3-4。

一、整体上看

长江经济带综合技术效率呈现"先短暂下降—短暂上升—短暂下降—后持

续上升"的"W"型波动态势，这与孙燕铭、谌思邈（2021）[1]的研究结果一致。2011—2012年，长江经济带综合技术效率由0.4764跌至0.3996，其中纯技术效率下降8.73%，规模效率下降6.44%，说明长江经济带资源冗余浪费和区域技术问题均比较严重，可能的原因在于，当时正值"十二五"初期，长江经济带地区的对外开放、产业集聚、产业结构以及商务成本均出现不同程度的变化，在转变期内对资源以及技术的利用不够充分。2012—2014年，综合技术效率稳步提升，2014年达到0.4458，期间规模效率和纯技术效率发展不稳定，均有起伏，总体来说纯技术效率呈下降状态，规模效率呈上升状态，说明在"十二五"期间，长江经济带地区绿色技术创新效率的提升主要来源于规模效率的提高，可能的原因在于，长江经济带地区的部分企业依然为粗放型的增长方式，直接利用资源，而未进一步转化为技术创新，同时部分集约型企业技术创新可能还处在技术开发阶段，还未将技术成果转化为实际生产力，而粗放型增长方式很容易带来资源的浪费以及成本的提高，这也是综合技术效率增长幅度较小的主要原因。2014—2016年，综合技术效率逐年下降，主要原因在于纯技术效率下降了16.66%，可能的原因在于，长江经济带为了大力发展经济，打造西部中心枢纽、内陆开发高地以及国家中心城市等战略支点而忽略了生态保护，所以在绿色技术创新效率上出现显著倒退。2016—2020年，长江经济带在综合技术效率、纯技术效率、规模效率三个方面均呈现逐年稳步增长趋势，2020年综合技术效率达到0.5973，达到最高点，可能的原因在于，"十三五"规划期间国家加大对长江经济带地区资源的投入，注重节能减排，沿江的省市也认识到长江经济带生态保护的重要性，提出"坚持生态优先、绿色发展，不搞大开发"的战略定位，人们逐渐意识到环境保护对可持续发展的重要性，绿

---

[1] 孙燕铭，谌思邈.长三角区域绿色技术创新效率的时空演化格局及驱动因素[J].地理研究，2021，40（10）：2743-2759.

色低碳发展成为时代主题（彭近新，2012）。❶总的来说，长江经济带的综合技术效率是在曲折中不断上升的。国家政策、资源利用、技术研发、环境保护、企业模式均是影响其发展的重要因素，其中的核心要素为资源的高效利用和绿色技术的创新。

二、分区域来看

下游的综合技术效率、纯技术效率以及规模效率均排名第一。综合技术效率、纯技术效率以及规模效率均值从大到小依次为下游、中游、上游，说明下游地区的资源高效利用和绿色技术创新要优于中游、上游地区，可能的原因在于，下游地区各省（市）积极引入外资，进行结构调整（韩晶，2012）❷，显著促进了绿色技术创新效率。据商务部统计，长江经济带下游地区吸引外资占到全国1/3以上的份额，同时下游地区将一系列产业转移到苏北等地，侧重发展高新技术产业，减轻环境污染，促进产业结构的优化。另外，仅有下游地区的纯技术效率总体表现为上升趋势，2011—2020年上升了39.25%，而中游、上游地区分别下降了20.00%、28.70%，在研究时间段的初期，中游和上游地区的纯技术效率均优于下游地区，说明中、上游地区对技术资源的利用重视程度逐渐降低，但拥有良好的创新技术基础。而规模效率相对比较稳定，各区域始终保持着波动增长的趋势，规模效率大小均为下游>中游>上游，与不同区域资源数量关系密切。总体而言，下游地区资源禀赋丰富、技术发展效率高，综合技术效率优于中游、上游地区，中游、上游地区应主要以提高纯技术效率为目标，不断缩小与下游地区之间的差距。

---

❶ 彭近新.全球绿色低碳发展与中国发展方式转型[J].环境科学与技，2012，35（1）：1-12.

❷ 韩晶.中国区域绿色创新效率研究[J].财经问题研究，2012，348（11）：130-137.

三、分省（市）来看

主要呈现以下三个方面特征：一是传统技术创新效率的综合技术效率、纯技术效率、规模效率大部分优于绿色技术创新效率所对应的相关因素。说明当考虑环境因素时，各省（市）的资源利用和技术水平均受到一定程度的不利影响，可能的原因在于，保护环境需要节约资源，实现资源的可持续发展，新的环保要求使得以往的科学技术不能与之相适应，所以绿色技术创新效率因素分解值较低。二是综合技术效率上湖北、上海、江苏排名前三，均值分别为0.7785、0.7195、0.7182，这些省（市）是长江经济带市场化程度最高、技术开发配套设施最完善的区域，同时技术开发和成果转化水平也位居前列，安徽、贵州、云南、重庆综合技术效率均值在0.3之下，还有较大的提升空间。纯技术效率湖北、上海、浙江、湖南均值达到0.7以上，高于长江经济带其他区域，贵州、安徽、重庆均值在0.5之下，未来需要注重提高绿色技术的开发。规模效率浙江、上海、湖北、江苏均值达到0.8以上，资源冗余较少，资源配置相对最优，重庆、贵州、云南在0.5之下，需要注重优化资源配置，减少资源冗余。三是规模报酬处于递增状态需要进一步扩建规模的省（市）为浙江、安徽、江西、湖北、湖南、重庆、四川、贵州、云南。处于递减状态需要适当缩减规模的省（市）为上海。处于资源的最佳配置，规模报酬保持不变，需要进一步稳定的省（市）为江苏。总体而言，环境因素对综合技术效率、纯技术效率以及规模效率影响较大，需要充分发挥保护环境所带来的经济效益，上海、浙江、江苏、湖北资源利用以及技术水平均达到比较高的层次，贵州、云南、重庆则需要内外兼修，既要注重提高区域技术，还要注意较少资源冗余（表3-5）。

表3-5 2011—2020年分区域绿色技术创新效率及因素分解

年份	效率类型	下游	中游	上游	整体
2011	综合技术效率	0.421 8	0.674 7	0.332 8	0.476 4
	纯技术效率	0.586 0	0.883 7	0.778 8	0.749 5
	规模效率	0.697 3	0.746 7	0.404 0	0.616 0
2012	综合技术效率	0.484 0	0.521 7	0.193 0	0.399 6
	纯技术效率	0.598 3	0.796 7	0.657 5	0.684 1
	规模效率	0.777 5	0.651 3	0.300 0	0.576 3
2013	综合技术效率	0.501 8	0.605 0	0.179 5	0.428 8
	纯技术效率	0.593 5	0.774 7	0.514 0	0.627 4
	规模效率	0.816 3	0.737 3	0.344 8	0.632 8
2014	综合技术效率	0.541 3	0.602 7	0.193 5	0.445 8
	纯技术效率	0.663 5	0.740 7	0.490 3	0.631 5
	规模效率	0.772 3	0.734 7	0.388 3	0.631 7
2015	综合技术效率	0.543 3	0.507 0	0.202 5	0.417 6
	纯技术效率	0.633 8	0.655 7	0.468 3	0.585 9
	规模效率	0.826 3	0.698 3	0.432 3	0.652 3
2016	综合技术效率	0.523 5	0.422 7	0.203 5	0.383 2
	纯技术效率	0.579 5	0.560 0	0.439 5	0.526 3
	规模效率	0.883 8	0.698 7	0.455 5	0.679 3
2017	综合技术效率	0.532 8	0.449 7	0.223 5	0.402 0
	纯技术效率	0.598 8	0.575 3	0.431 0	0.535 0
	规模效率	0.867 3	0.727 3	0.509 3	0.701 3
2018	综合技术效率	0.603 3	0.501 7	0.296 0	0.467 0
	纯技术效率	0.658 0	0.610 0	0.489 8	0.585 9
	规模效率	0.903 3	0.769 7	0.579 0	0.750 6

续表

年份	效率类型	下游	中游	上游	整体
2019	综合技术效率	0.689 5	0.593 0	0.421 5	0.568 0
	纯技术效率	0.757 5	0.675 3	0.565 3	0.666 0
	规模效率	0.892 8	0.825 7	0.688 0	0.802 1
2020	综合技术效率	0.751 8	0.631 3	0.408 8	0.597 3
	纯技术效率	0.816 0	0.707 0	0.555 3	0.692 8
	规模效率	0.905 8	0.848 0	0.683 8	0.812 5
均值	综合技术效率	0.568 1	0.538 1	0.269 9	0.458 6
	纯技术效率	0.630 7	0.661 5	0.476 5	0.628 4
	规模效率	0.811 7	0.756 5	0.505 8	0.685 5

第四节 主要结论

本文基于两阶段创新价值链理论，构建长江经济带绿色技术创新效率评价指标体系，分析两阶段创新价值链传导机制，利用主成分分析法先对指标体系进行降维处理，计算出两阶段技术创新效率，再通过DEA测算出影响长江经济带地区绿色技术创新效率和传统技术创新效率的因素分解值，即综合技术效率、纯技术效率、规模效率，现得出以下结论。

第一，从长江经济带两阶段绿色技术创新效率来看，长江经济带地区整体及各区域绿色技术创新效率总体上均呈现增长趋势，其中下游地区的发展波动较大、不稳定，上游地区常年保持低速稳定增长趋势，中游地区呈现逐年比较稳定的上涨趋势。虽然部分地区存在一定的不稳定发展情况，但总的来说影响较小，整体发展趋势良好。

第二，技术开发阶段，整体绿色技术开发效率比传统技术开发效率高，长江经济带地区的生态保护效果较好，绿色技术创新成果丰硕，2011—2020年中游地区的绿色技术开发效率均高于传统技术开发效率，且差距逐年扩大，下游和上游地区则呈现由低转向高的态势，同时下游地区的绿色技术创新效率增长要远高于中游以及上游地区，无论是否考虑环境因素，大小规律均为：下游>中游、上游，2011—2018年上游>中游，2019—2020年中游>下游，均值上看，下游>上游>中游，中、上游地区的技术开发效率发展相对平衡，但上游地区的发展速率慢于中游地区。上海、安徽、江西、湖北、湖南、重庆、四川7个省（市）的环境因素对促进技术开发效率具有显著的促进作用，绿色技术开发效率前三名省（市）分别为江苏、浙江、安徽，其中江苏明显高于其他省（市），绿色技术开发走在前列，而云南绿色技术开发还有较大提升空间，各省（市）之间的发展差距比较明显。

第三，技术成果转化阶段，绿色技术成果转化效率表现为逐年稳步上升趋势，但相对于第一阶段，整体偏低，仍有较大提升空间。绿色技术成果转化效率各区域差异显著，技术成果转化发展不平衡，中游在两阶段绿色技术创新效率中第二阶段明显优于第一阶段，上游第一阶段优于第二阶段，下游均保持高水平。绿色技术成果转化较高地区包括江苏、浙江、上海，较低地区包括重庆、云南、贵州，其中江苏、浙江在两阶段技术创新效率中均靠前，两地绿色低碳产业发展较快，绿色技术创新带来的经济效益显著，云南在两阶段技术创新效率中排名靠后，是未来政策改革的重点关注对象。

第四，从绿色技术创新因素分解值来看，长江经济带综合技术效率呈现"先短暂下降—短暂上升—短暂下降—后持续上升"的"W"型波动态势，在曲折中不断发展，国家政策、资源利用、技术研发、环境保护、企业模式均是影响其发展的重要因素，其中的核心要素为资源的高效利用和绿色技术的创新。

第五，下游地区以资源禀赋丰富、技术发展效率高等特点，使得综合技术效率要优于中游、上游地区，中游、上游地区应主要以提高纯技术效率为目标，不断缩小与下游地区之间的差距，发展空间很大。环境因素对综合技术效率、纯技术效率以及规模效率影响较大，需要充分发挥保护环境所带来的经济效益。上海、浙江、江苏、湖北资源利用率以及技术水平均达到比较高的层次，而贵州、云南、重庆需要内外兼修，要注重提高区域技术还要注意较少资源冗余。

第四章

长江经济带绿色技术创新的影响因素

第一节　绿色技术创新的影响因素

一、国内研发投入

创新是企业的核心竞争力，国内R&D投入是绿色技术创新的首要因素和基础，是经济增长不可或缺的推动因素。绿色技术创新如果缺乏外部激励，则难以自发形成。大多数成果表明研发投入促进了绿色技术创新，例如张旭、王宇（2017）[1]提出提高研发投入有助于加快企业绿色技术创新。胡怡莎（2021）[2]指出国内R&D投入显著促进了我国绿色技术创新。田红娜、李金波（2020）[3]利用行业数据分析了企业R&D投入与绿色技术创新的关系，发现企业R&D投入对轻度污染行业绿色技术创新效率的影响最大。王欣欣（2021）[4]利用2015—2019年中国省（市）面板数据分析发现，研发投入对绿色技术创新具有促进作用，绿色技术创新空间差异明显，对东部的影响最强，中西部较弱。范旭等（2023）实证分析认为企业R&D投入对绿色技术创新的促进效应与环境治理投

---

[1] 张旭，王宇.环境规制与研发投入对绿色技术创新的影响效应[J].科技进步与对策，2017，34（17）：111-119.

[2] 胡怡莎.环境规制和政府研发投入对企业绿色技术创新的影响研究[D].武汉：华中科技大学，2021.

[3] 田红娜，李金波.基于行业异质性的制造业绿色技术创新能力演化研究——兼论企业研发资金投入的影响[J].科技进步与对策，2020，37（17）：63-72.

[4] 王欣欣.风险投资、研发投入与我国绿色技术创新[J].工业技术经济，2021，40（7）：23-27.

入强度有关,随着环境治理投入的提高,研发投入对绿色技术创新的促进作用减弱[1]。

二、环境规制

环境规制对绿色技术创新的研究尚未达成统一的结论,仍存在分歧。大多数研究成果认为环境规制促进了绿色技术创新效率。例如张倩(2015)[2]实证得出环境规制有效促进了企业的绿色产品创新和绿色工艺创新的结论。王锋正等(2018)[3]分析了地方政府质量、环境规制对企业绿色技术创新的影响,认为制订合理的环境政策与提高地方政府治理质量,对提升企业绿色技术创新同等重要。也有研究提出环境规制对绿色技术创新的影响呈非线性关系。郭进(2019)[4]提出环境规制促进绿色技术创新效率的关键在于环境规制工具的选择,其中收缴排污费、增加环境保护财政支出更加有利于提升企业绿色技术创新效率,而行政处罚则抑制了绿色技术创新,各种强度的地方性法规对绿色技术创新的影响不显著。赵宏中、黄品涛(2020)[5]实证分析得出环境规制对绿色技术创新呈非线性的"V"形门槛关系的结论,以研发投入强度为门槛值进行分析,认为环境规制在不同的研发投入强度下具有显著差异。张娟等

---

[1] 范旭,张子怡,李键江.环境治理投入门槛、研发投入与绿色技术创新[J].生态经济,2023,39(6):163-173.

[2] 张倩.环境规制对绿色技术创新影响的实证研究——基于政策差异化视角的省级面板数据分析[J].工业技术经济,2015,34(7):10-18.

[3] 王锋正,姜涛,郭晓川.政府质量、环境规制与企业绿色技术创新[J].科研管理,2018,39(1):26-33.

[4] 郭进.环境规制对绿色技术创新的影响——"波特效应"的中国证据[J].财贸经济,2019,40(3):147-160.

[5] 赵宏中,黄品涛.环境规制、研发投入对绿色技术创新的影响研究[J].北京邮电大学学报(社会科学版),2020,22(2):67-75.

（2019）❶利用1995—2016年中国省（市）面板数据实证分析，认为环境规制对绿色技术创新的影响并不是简单的线性关系，而是呈现"U"形关系。并在此基础上提出环境规制是宏观的政府行为，绿色技术创新是企业的微观行为，如果环境规制强度不够，企业环境保护的内生动力不足，就不会主动承担环境责任。李婉红等（2013）❷利用2003—2010年面板数据分析了环境规制对我国污染密集行业实施绿色技术创新的影响，以创新人力资源投入和行业规模为控制变量，当加入控制变量时，发现环境规制促进了污染密集行业实施绿色技术创新。当不加入控制变量时，环境规制强度则会抑制污染密集行业的绿色技术创新。

三、产业结构

很多学者提出长江经济带产业结构偏重阻碍了绿色技术创新。作为横轴的长江经济带11个省（市），产业体系完整、规模庞大，集成电路产业规模占全国七成以上，但产业结构偏重、大多处于价值链的中低端、产业含碳量偏高，产业绿色、低碳转型发展压力较大。因此，目前及今后很长一段时期，各地应以技术创新为支撑，推动产业转型升级及高碳产业和低碳产业动能转换，提高新兴产业的占比，培育壮大低碳、零碳和负碳产业，这既是加快生产方式绿色转型的必然选择，也是实现新型工业化、城镇化、信息化、农业现代化的必由之路。刘金全、魏阙（2020）❸实证发现产业结构升级和绿色经济发展之间存

---

❶ 张娟，耿弘，徐功文，等.环境规制对绿色技术创新的影响研究[J].中国人口·资源与环境，2019，29（1）：168-176.

❷ 李婉红，毕克新，孙冰.环境规制强度对污染密集行业绿色技术创新的影响研究——基于2003—2010年面板数据的实证检验[J].研究与发展管理，2013，25（6）：72-81.

❸ 刘金全，魏阙.创新、产业结构升级与绿色经济发展的关联效应研究[J].工业技术经济，2020，39（11）：28-34.

在互为因果、互相促进的关系。石映昕、杨云霞（2023）[1]实证得出产业结构升级是协同创新促进绿色经济效率影响的重要渠道的结论。

四、金融业发展

金融发展也应该在促进绿色发展中发挥重要作用。金融集聚主要从资源效率配置、资本支持、技术创新等方面提升绿色发展效率，金融集聚对绿色发展效率存在明显的空间溢出效应袁华锡等（2019）[2]。黄建欢等（2014）[3]研究发现金融业发展水平中的企业监督和资本配置效应提升了当地绿色发展水平，并提出加强资金监管是金融支持绿色发展的政策重点。刘耀彬等（2017）[4]认为金融发展应从金融的广化和深化发展，实证发现我国金融深化对绿色发展的影响存在库兹涅茨曲线的倒"U"形形状。刘敏楼等（2022）[5]研究发现数字金融发展水平的提高显著促进了绿色发展，更完善的金融监管措施也有助于数字金融发挥其对绿色发展的促进作用。王翌秋、郭冲（2022）[6]实证分析发现长江经济带绿色金融显著促进了产业绿色发展，产业绿色发展反哺绿色金融

---

[1] 石映昕，杨云霞.协同创新、产业结构升级与绿色经济效率[J].云南财经大学学报，2023，39（1）：1-17.

[2] 袁华锡，刘耀彬，封亦代.金融集聚如何影响绿色发展效率？——基于时空双固定的SPDM与PTR模型的实证分析[J].中国管理科学，2019，27（11）：61-75.

[3] 黄建欢，吕海龙，王良健.金融发展影响区域绿色发展的机理——基于生态效率和空间计量的研究[J].地理研究，2014，33（3）：532-545.

[4] 刘耀彬，胡凯川，喻群.金融深化对绿色发展的门槛效应分析[J].中国人口·资源与环境，2017，27（9）：205-211.

[5] 刘敏楼，黄旭，孙俊.数字金融对绿色发展的影响机制[J].中国人口·资源与环境，2022，32（6）：113-122.

[6] 王翌秋，郭冲.长江经济带绿色金融与产业绿色发展耦合协调研究[J].河海大学学报（哲学社会科学版），2022，24（2）：53-59，110-111.

成效显著。

五、经济发展水平

虽然经济发展水平与绿色技术创新关系密切，但也没有得出统一的结论。大部分文献认为经济发展抑制了绿色技术创新。一方面，随着经济的发展，各经济部门对电力、石油等能源的需求增加，而这些石化能源会产生大量碳排放，反过来抑制绿色技术创新。另一方面，为了追求经济增长，实现经济目标，很多地方采取了增加实物投资、降低环境规制强度等方式，而这些方式也抑制了绿色技术创新，所以经济发展对绿色技术创新有抑制作用。

第二节 模型的建立

一、基准回归

按照上文的分析，构建绿色技术创新效率影响因素的回归模型为

$$\ln GTFP_{it} = \alpha_0 + \alpha_1 \ln RD_{it} + \alpha_2 \ln TI_{it} + \alpha_3 \ln IS_{it} + \alpha_4 \ln ER_{it} + \alpha_5 \ln FI_{it} + \alpha_6 \ln PGDP_{it} + \epsilon_{it} \quad (4-1)$$

式中：GTFP为绿色技术创新效率；RD、TI、IS、ER、FI、PGDP分别为国内研发投入、产业结构（第三产业占比）、产业结构（第二产业增加值与第三产业增加值的比值）、环境规制、金融业发展水平、经济发展水平。其中 α_0 代表截距项；ϵ_{it} 代表随机误差；t 代表时间项；α_1、α_2、α_3、α_4、α_5、α_6 代表 RD、TI、IS、ER、FI、PGDP 的弹性系数。

为了避免模型可能存在的内生性问题，保证模型估计结果的准确性，将选择广义矩估计法进行估计。

$$\ln \text{GTFP}_{it} = \alpha_0 + L_1 \ln \text{GTFP}_{it-1} + \alpha_1 \ln RD_{it} + \alpha_2 \ln TI_{it} + \alpha_3 \ln IS_{it} +$$
$$\alpha_4 \ln ER_{it} + \alpha_5 \ln FI_{it} + \alpha_6 \ln PGDP_{it} + \epsilon_{it} \quad （4-2）$$

二、SDM空间模型

考虑到长江经济带各区域发展不均衡，存在空间异质性，故采取SDM空间模型分析长江经济带各因素对绿色技术创新效率的影响，构建SDM空间模型。

$$\ln \text{GTFP}_{it} = \rho \sum_{j=1}^{N} w_{ij} \ln \text{GTFP}_{jt} + c_0 + \eta_1 \ln RD_{it} + \eta_2 \ln TI_{it} + \eta_3 \ln IS_{it} + \eta_4 \ln ER_{it} +$$
$$\eta_5 \ln FI_{it} + \eta_6 \ln PGDP_{it} + \phi_1 \sum_{j=1}^{N} w_{ij} \ln RD_{it} + \phi_2 \sum_{j=1}^{N} w_{ij} \ln TI_{it} + \phi_3 \sum_{j=1}^{N} w_{ij} \ln IS_{it} +$$
$$\phi_4 \sum_{j=1}^{N} w_{ij} \ln ER_{it} + \phi_5 \sum_{j=1}^{N} w_{ij} \ln FI_{it} + \phi_6 \sum_{j=1}^{N} w_{ij} \ln PGDP_{it} + \mu_{it} + \lambda_{it} + \epsilon_{it} \quad （4-3）$$

式中：ρ为绿色技术创效效率的空间溢出系数；ϕ_i为解释变量的空间溢出系数；w_{ij}为n*n阶空间权重矩阵当中第i行j列元素；i和j分别代表截面和时期。

三、空间权重矩阵

本研究为了使研究结果更加具有可比性和科学性，除了一般研究常用的空间0-1邻近矩阵，还分别构建了基于地理距离、经济距离、经济地理结合四种矩阵进行对比研究。

（一）空间0-1邻近矩阵

接壤赋值为1，不接壤赋值为0。考虑到仅有经纬度坐标无法判断两个地区是否接壤，借助geoda软件，生成0-1矩阵再将其导入stata数据库中。

（二）基于地理距离的空间权重矩阵

采用两个城市之间的最短距离的倒数作为空间权重，通过不同点的坐标系之间的距离远近来衡量两地之间的关系重要程度，当两点之间距离较近，所占的权重越高。反之距离越远，权重越低。和0-1邻近矩阵相比，基于地理距离的空间权重矩阵的优点在于能充分考虑到在空间上不相邻、在地理距离上不远的区域之间的技术溢出的相互影响和作用。

（三）基于经济距离的空间权重矩阵

依据省份GDP水平的相近程度设定空间权重矩阵，以考察经济发展水平相当地区间人口迁移的相互影响。时间跨度是2011—2020年，所有年份的GDP均值。

（四）基于经济地理嵌套的空间权重矩阵

该矩阵综合考虑了空间地理距离特征和经济相关属性，主要做法是将地理距离权重和经济距离权重结合起来，构造出经济地理嵌套的空间权重矩阵。

四、数据来源

（一）被解释变量

绿色技术创新效率（CTFP）按照第三章绿色技术创新的测算，利用主成分与DEA相结合的方法计算而得。

（二）解释变量

解释变量包括国内研发投入（RD）、产业结构（TI和IS）、环境规制（ER）、金融业发展水平（FI）和经济发展水平（PGDP）。

国内研发投入：来自《中国科技统计年鉴》。

产业结构：为了更全面地分析影响因素对绿色技术创新的影响，产业结构用了三个指标来进行衡量，分别为第三产业占比TI、第二产业增加值与第三产业增加值的比值IS，数据均来源于《中国统计年鉴》。

环境规制：用工业污染治理完成投资与工业增加值的比值，数据均来源于《中国统计年鉴》。

金融业发展水平：用金融业增加值与GDP的比值表示，数据均来源于《中国统计年鉴》。

经济发展水平：用人均GDP表示，数据来源于《中国统计年鉴》。

第四章 长江经济带绿色技术创新的影响因素

本书研究样本选取2011—2020年长江经济带9省2市省级面板数据，并进行自然对数处理。现将所有变量的样本统计特征进行描述，具体汇总见表4-1。

表4-1 主要变量的统计性描述

变量		平均值	标准差	最小值	最大值	样本量
绿色技术创新效率（lnGTFP）	overall	−0.995 5	0.664 1	−2.407 9	−0.001 0	N=110
	between		0.598 2	−1.832 0	−0.273 2	n=11
	within		0.335 7	−1.571 4	0.563 4	T=10
环境规制（lnER）	overall	−7.402 7	0.630 3	−9.431 0	−6.160 9	N=110
	between		0.372 8	−8.073 8	−6.907 9	n=11
	within		0.519 4	−8.998 5	−6.326 6	T=10
外商直接投资（lnFDI）	overall	5.040 0	1.123 8	1.747 6	7.822 7	N=110
	between		1.012 6	3.038 5	7.023 2	n=11
	within		0.567 8	3.408 2	6.219 2	T=10
对外直接投资（lnOFDI）	overall	−4.170 4	1.123 8	−7.462 8	−1.387 7	N=110
	between		1.012 6	−6.171 8	−2.187 1	n=11
	within		0.567 8	−5.802 1	−2.991 2	T=10
对外贸易（lned）	overall	−1.688 1	0.937 2	−3.613 9	0.409 9	N=110
	between		0.961 2	−3.079 1	0.115 8	n=11
	within		0.175 3	−2.222 9	−1.192 4	T=10
国内研发投入（lnRD）	overall	−1.810 7	0.496 9	−2.841 3	−0.873 5	N=110
	between		0.494 0	−2.680 7	−0.987 0	n=11
	within		0.151 8	−2.129 8	−1.422 8	T=10
产业结构（lnTI）	overall	0.072 7	0.316 3	−0.513 4	1.010 9	N=110
	between		0.248 9	−0.205 9	0.719 9	n=11
	within		0.207 9	−0.372 9	0.511 4	T=10

续表

变量		平均值	标准差	最小值	最大值	样本量
金融业发展水平（lnFI）	overall	−2.736 1	0.392 6	−3.669 8	−1.686 5	$N=110$
	between		0.359 1	−3.244 6	−1.878 1	$n=11$
	within		0.189 4	−3.235 5	−2.371 5	$T=10$
经济发展水平（ln$PGDP$）	overall	10.827 0	0.485 0	9.689 8	11.954 6	$N=110$
	between		0.426 4	10.276 5	11.611 3	$n=11$
	within		0.261 5	10.240 3	11.328 8	$T=10$

第三节 各因素对绿色技术创新影响的实证分析

一、基准回归

解释变量的内生性可能会导致模型效应估计产生偏差，因此为了增强实证分析的科学性，避免内生性问题，提高结果的准确性，通常采用广义矩估计法（GMM）来处理面板数据中的内生性问题，所以本部分的基准回归选择利用广义矩估计法（GMM）中的系统GMM和差分GMM两种方法进行实证分析。表4-2给出了各个模型的回归结果。

系统GMM和差分GMM估计法可靠性检验结果显示（见表4-2倒数第1行），两个回归模型均通过了Sargan检验，说明不存在过度识别问题。随机扰动项自相关检验结果显示，模型随机扰动项存在一阶自相关，但不存在二阶自相关（见表4-2倒数第2和3行），即接受模型原假设，说明模型估计结果是有效的。Wald检验结果显示（见表4-2倒数第4行）被估计模型整体上具有显著性。系统GMM和差分GMM估计法得出的结果中主要影响因素的回归系数正负号方向一致,说明结果比较稳健。下面以系统GMM估计结果为依据进行分析。

表4-2 各因素对绿色技术创新效率的影响

解释变量	系统GMM	差分GMM
L1	0.270 1***（3.66）	0.348 6***（4.36）
lnRD	0.855 8***（4.55）	0.633 0***（3.36）
lnTI	0.926 1*（1.67）	1.074 2***（2.22）
lnis	−1.089 0（−1.06）	−1.960 1***（−2.22）
lnER	−0.004 8（−0.16）	−0.021 2（−0.75）
lnFI	−0.846 3***（−4.51）	−0.503 4***（−2.88）
ln$PGDP$	−0.376 1**（−2.08）	−0.488 7***（−2.68）
_cons	−6.445 6***（−3.10）	−7.821 3***（−3.80）
Wald卡方值	711.35[0.000 0]	822.83[0.000 0]
AR（1）	−0.227 06[0.020 4]	5.786 1[0.005 8]
AR（2）	−0.024 66[0.980 3]	1.190 0[0.234 0]
Sagan检验	3.583 2[1.000 0]	8.618 1[1.000 0]

注：***、**、*分别表示在1%、5%、10%的水平上显著,（ ）括号内为t值。

（一）绿色技术创新具有累积循环效应

系统广义矩两步法和差分广义矩两步法的估计结果显示（表4-2）,绿色技术创新效率滞后一期的回归系数均为正,且在1%的置信度下显著,其中系统广义矩两步法的绿色技术创新效率滞后一期的回归系数为0.2701,说明当前一期的绿色技术创新效率提升1%时,将会促进当期绿色技术创新效率提升0.2701%,因此得出绿色技术创新具有累积循环效应的结论。

（二）国内研发投入显著促进了绿色技术创新效率,且系数排名第一

差分广义矩两步法和系统广义矩两步法的估计结果中国内研发投入的回归系数均为正,且均在1%的置信度下显著,且两种回归方法中国内研发投入的

回归系数分别为0.8558和0.6330，排名第一，说明国内研发资本投入是促进绿色技术创新的重要的因素。

（三）环境规制抑制了绿色技术创新效率的提升

差分广义矩两步法和系统广义矩两步法的估计结果中环境规制的回归系数均为负，说明都没有通过显著性检验，但在一定程度上可以说明长江经济带环境规制阻碍了绿色技术创新效率的提升。当前，环境规制对绿色技术创新的影响仍没有一致的结论从，从理论上来讲，环境规制既有可能促进绿色技术创新，也可能抑制绿色技术创新。一方面，环境规制可能对企业有创新补偿，从而促进绿色技术创新效率。另一方面，政府环境规制政策可能会限制企业的创新能力，因为政府环境规制政策要求企业加强资源节约和循环利用，促进了企业环保研发、减少了企业的生产研发投入，从而抑制企业绿色技术创新活动的开展。所以环境规制对技术创新的影响可能是非线性的。结果表明长江经济带环境规制的抑制效应大于促进作用，表现为抑制。

（四）代表产业结构的两个变量

第三产业占比（TI）的回归系数为正，通过了显著性检验，一定程度上说明第三产业占比越高，绿色技术创新的效率越高，这是符合现实情况的。而第二产业增加值与第三产业增加值的比值（IS）回归系数为负，说明第二产业抑制了绿色技术创新效率。说明随着长江经济带经济发展，产业结构也在不断转型升级。但是，制造业仍然以重工业为主，而高耗能行业仍然偏高，而高耗能产业的发展，使得能源需求量持续增加，引起碳排放持续增加，从而阻碍了绿色技术创新效率的提升。

（五）金融业发展水平（FI）抑制了绿色技术创新效率的提升

差分广义矩两步法和系统广义矩两步法的估计结果中金融业发展水平的回归系数均为负，均在1%的置信度下显著，其中系统广义矩两步法金融业发展水平的回归系数为-0.8463，说明当金融业发展水平增加1%时，将会抑制绿色技术创新效率降低-0.8075%。可能的原因是：一方面，随着金融业的发展，消费者更容易获得信贷支持，从而提升消费者消费能力，于是市场对产品的需求增加，这会促使企业扩大生产规模，生产规模的扩大会消耗更多的能源，从而增加碳排放，降低绿色技术创新效率。另一方面，金融发展使企业也容易获得信贷支持，当大量资金流入产业链低端企业后，生产效率低、技术落后企业会扩大生产，这也会增加碳排放，降低绿色技术创新效率。

（六）经济发展对绿色技术创新效率的提升有抑制作用

差分广义矩两步法和系统广义矩两步法的估计结果中经济发展水平的回归系数均为负值，说明长江经济带经济发展水平抑制了绿色技术创新效率的提升。可能的原因是长江经济带为了实现经济增长目标，采取了增加实物投资、降低环境规制强度等措施，这些举措对绿色技术创新投资存在挤出效应，所以经济发展抑制了绿色技术创新效率的提升。

二、空间效应回归

（一）空间效应估计

1.模型稳定性较强

回归结果显示，$\ln RD$、$\ln TI$、$\ln IS$、$\ln ER$、$\ln FI$、$\ln PGDP$的回归系数与动态GMM线性回归系数正负方向一致，说明Coe-Helpman-Durbin空间面板模型的稳定性较强。

2.长江经济带绿色技术创新效率存在显著的"损人利己"的空间效应

长江经济带绿色技术创新的提升通过空间溢出效应明显降低了相邻地区绿色技术创新效率，呈现"损人利己"的空间效应。从基于相邻空间权重、地理距离权重、经济地理空间权重四种SDM模型估计的结果来看（表4-3），rho是空间自回归系数，是被解释变量绿色技术创新对周边地区的空间溢出效应，基于相邻空间权重、地理距离权重、经济地理空间权重三种空间权重的rho均在

1%的置信度水平下显著,说明长江经济带各区域绿色技术创新存在显著的空间溢出效应,即区域绿色技术创新不仅受自身因素影响,还会影响相邻空间、地理相近或经济地理发展水平相似区域的绿色技术创新效率。而基于经济距离空间权重的rho没有通过显著性检验,说明长江经济带经济相似区域之间的绿色技术创新的空间溢出效应不明显。

（1）基于0-1相邻空间权重矩阵的空间自回归系数（rho）值为-0.3177,表明所在区域绿色技术创新效率每提高1%,将使相邻区域的绿色技术创新效率降低0.3177%。

（2）基于地理距离空间权重矩阵的rho值为-0.6369,表明所在地绿色技术创新效率每提高1%,将使地理相近区域的绿色技术创新效率降低0.6369%。基于地理距离空间权重的空间自回归系数排名第一,说明长江经济带绿色技术创新的空间溢出效应受地理距离影响最大。

（3）基于地理—经济距离空间权重矩阵的rho值为-0.2772,表明所在区域绿色技术创新效率每提高1%,将使地理—经济相似区域绿色技术创新效率降低0.2772%。

表4-3　各因素影响绿色技术创新的空间效应

变量	相邻空间矩阵	地理距离空间矩阵	经济距离空间矩阵	经济地理空间权重
rho	-0.3177** (-2.25)	-0.6369*** (-2.64)	-0.2336 (-1.52)	-0.2772** (-2.23)
lnRD	0.7447*** (3.29)	0.5345* (2.04)	0.7757*** (3.41)	0.8515*** (3.81)
lnTI	1.1366*** (3.67)	1.2182*** (4.59)	1.7226*** (6.37)	1.4252*** (4.88)
lnER	-0.0013 (-0.02)	-0.0369 (-0.64)	-0.0032 (-0.06)	-0.0005 (-0.01)

续表

变量	相邻空间矩阵	地理距离空间矩阵	经济距离空间矩阵	经济地理空间权重
$\ln FI$	-1.252 9*** （-6.00）	-1.184 5*** （-6.04）	-1.287 2*** （-5.81）	-1.356 6*** （-5.57）
$\ln PGDP$	0.164 3 （0.65）	0.215 8 （0.83）	0.310 3 （1.16）	0.310 3 （1.07）
cons	-4.983 0 （-0.78）	-12.014 7 （-1.09）	7.384 7 （0.92）	5.334 1 （0.94）
Wx				
$\ln RD$	-0.201 9 （-0.36）	-1.027 6 （-0.85）	1.707 5** （2.53）	0.843 2* （1.96）
$\ln TI$	0.188 6 （0.33）	0.622 3 （0.67）	-0.586 6 （-0.98）	0.017 3 （0.04）
$\ln ER$	-0.228 1** （-2.25）	-0.465 5*** （-2.61）	-0.110 9 （-1.27）	-0.214 0** （-2.44）
$\ln FI$	-0.080 3 （-0.19）	-0.288 2 （-0.41）	-0.288 5 （-0.76）	0.067 2 （0.17）
$\ln PGDP$	-0.240 0 （-0.55）	-0.066 2 （-0.08）	-1.178 8** （-2.06）	-1.117 0*** （-2.93）
lgt_theta	0.093 5 （0.14）	0.013 2 （0.02）	0.001 0 （0.00）	-0.032 2 （-0.05）
sigma2_e	0.077 4*** （6.76）	0.073 7*** （6.82）	0.076 7*** （6.90）	0.075 6*** （6.65）

注：（）括号内为标准误，*、**和***分别表示10%、5%和1%的水平上显著。

（二）首次溢出、二次溢出和总溢出效应估计

在空间分析的基础上，对各影响因素的空间溢出效应进行分解（表4-4），从基于相邻空间权重、地理距离权重、经济地理三种空间权重的总溢出效应、首次溢出效应和二次溢出效应结果来看（由于经济距离权重不显著所以不予考虑），由于各变量总溢出效应、首次溢出效应和二次溢出效应回归系数符号一致，说明在选择不同空间权重模型的情况下，溢出效应较为稳定，说明模型的稳健性较好，结果可信度较高。

1.国内研发投入首次溢出效应均为正值

相邻空间和地理空间矩阵的二次溢出效应为负，经济地理空间矩阵的二次溢出效应为正。相邻空间和经济地理权重的总溢出效应为正，地理空间矩阵的总效应为负。一方面说明长江经济带国内R&D投入的首次效应促进了本区域的绿色技术创新水平。可能的原因在于长经济带企业从国内R&D投入中获取的直接技术注入促进了绿色技术创新。另一方面，二次溢出效应对相邻区域和地理相似区域的绿色技术创新效率产生抑制作用，而对地理—经济相似区域的绿色技术创新效率产生促进作用。可能的原因有三个：一是一般情况下，为了抢占市场先机，长江经济带投入研发资本后的一段时间内会采取"技术锁定"，所以对相邻或地理相似的区域的技术溢出效应为负。二是相比本区域的交易，其他区域的地理成本相对较高，所以其他区域的企业很难获得正向空间溢出。三是对应经济或地理经济相似的区域，由于有经济合作，形成了良性的经济合作态势，所以二次溢出效应为正。

2.产业结构基于三种空间权重矩阵溢出

产业结构的基于三种空间权重矩阵的首次溢出、二次溢出和总溢出效应分别为正效应、负效应和正效应。说明产业结构空间溢出呈现"损人利己"效应。首次溢出产业结构促进了本区域的绿色技术创新效率，二次溢出效应明显地抑制了其他区域的绿色技术创新效率，可能的原因是长江经济带区域产业结构总体偏重，高碳产业占经济的比值居高不下，区域之间存在资源的无序竞争关系。

3.环境规制基于四种空间权重矩阵溢出

环境规制的基于四种空间权重矩阵的首次溢出、二次溢出和总溢出效应分别为正效应、负效应和负效应,但没有通过显著性检验。说明环境规制在一定程度对本区域的绿色技术创新效率有促进作用,二次溢出对其他区域的技术创新具有抑制作用。说明适度的环境规制能有效促进长江经济带的绿色技术创新效率提升,但是由于区域之间环境规制强度不一致,使落后产业转移和跨界污染排放,降低了产业流入地的环境质量,从而使经济欠发达区域的环境规制出现"逐底竞争"或者"污染天堂"现象,拉低了整个区域的绿色技术创新水平。

4.金融业发展水平基于四种空间权重矩阵溢出

金融业发展水平的基于四种空间权重矩阵的首次溢出、二次溢出和总溢出效应分别为负效应、正效应和负效应,且通过了显著性检验。金融业发展水平总溢出效应为负,说明金融业发展的首次溢出对本区域的绿色技术创新效率水平有阻碍作用,但其二次溢出促进了其他区域的绿色技术创新效率。可能的原因是当前长江经济带的绿色金融产品和服务供给不足,无法满足社会需求,虽然有些金融机构环保意识较强烈,但由于金融业竞争中面临"劣币驱逐良币"的挑战,所以总体而言,金融业发展没有促进长江经济带的绿色技术创新效率。但是由于金融业的发展可以使得地区之间更加协调,所以一定程度上促进了其他区域的绿色技术创新效率。

5.经济发展水平基于三种空间权重矩阵溢出

经济发展水平基于三种空间权重矩阵的首次溢出效应为正,说明经济发展水平的提升有助于促进长江经济带绿色技术创新效率。二次溢出效应为负,说明经济发展水平对其他区域的绿色技术创新效率作用呈现"损人利己"的特征。总效应为负,这与上文的分析结果一致。

表4-4 空间溢出效应分解

直接效应	相邻空间矩阵	地理距离空间矩阵	经济地理空间权重
lnRD	0.773 8*** (3.35)	0.602 6** (2.51)	0.795 6*** (3.46)
lnTI	1.145 0*** (3.40)	1.221 8*** (4.35)	1.453 8*** (4.58)
lnER	−0.020 8 (−0.32)	−0.009 3 (−0.17)	−0.017 8 (−0.31)
lnFI	−1.290 0*** (−5.93)	−1.217 9*** (−6.01)	−1.401 3*** (−5.55)
ln$PGDP$	0.207 6 (0.77)	0.248 0 (0.90)	0.424 9 (1.44)
间接效应	相邻空间矩阵	地理距离空间矩阵	经济地理空间权重
lnRD	−0.369 6 (−0.80)	0.925 9 (1.18)	0.525 4 (1.49)
lnTI	−0.157 6 (−0.32)	−0.138 0 (−0.23)	−0.345 8 (−0.78)
lnER	−0.194 5** (−2.31)	−0.300 0*** (−2.63)	−0.184 5*** (−2.48)
lnFI	0.278 9 (0.85)	0.327 4 (0.77)	0.395 8 (1.24)
ln$PGDP$	−0.247 6 (−0.63)	−0.123 2 (−0.22)	−1.038 9*** (−3.03)
总效应	相邻空间矩阵	地理距离空间矩阵	经济地理空间权重
lnRD	0.404 2 (0.85)	0.323 3 (0.38)	1.320 9*** (3.82)
lnTI	0.987 3** (2.50)	1.083 8*** (2.07)	1.108 0*** (3.29)
lnER	−0.173 8** (−2.14)	−0.309 4*** (−2.67)	−0.166 7*** (−2.26)
lnFI	−1.011 1** (−2.90)	−0.890 5*** (−2.08)	−1.005 5*** (−2.87)
ln$PGDP$	−0.040 0 (−0.11)	−10.124 8 (−0.24)	−0.614 0** (−1.79)

注：( )括号内为标准误，**和***分别表示5%和1%的水平上显著。

第四节 主要结论

本章通过分析绿色技术创新效率的影响因素，并利用动态面板模型和空间杜宾模型分析了这些因素对绿色技术创新效率的影响，得出了以下结论。

第一，基准回归显示，绿色技术创新具有累积循环效应，当前一期的绿色技术创新效率提升1%时，将会促进当期绿色技术创新效率提升0.2701%。在影响绿色技术创新效率中，国内研发投入对绿色技术创新效率的影响排名第一。环境规制抑制了绿色技术创新效率的提升。长江经济带环境规制的抑制效应大于促进作用，整体表现为抑制。产业结构中，第三产业占比促进了绿色技术创新，第二产业增加值与第三产业的比值抑制了绿色技术创新，说明随着长江经济带经济发展，其制造业仍然以重工业为主，高耗能行业占比仍然偏高，高耗能产业的发展，使得能源需求量持续增加，从而引起碳排放的增加，这在一定程度上阻碍了绿色技术创新效率的提升，且金融业发展水平和经济发展也阻碍了绿色技术创新效率的提升。

第二，空间杜宾模型显示，长江经济带绿色技术创新效率存在显著的"损人利己"的空间效应，长江经济带绿色技术创新的提升通过空间溢出效应明显地降低了相邻地区绿色技术创新效率，呈现"损人利己"的空间效应。空间因素是影响长江经济带绿色技术创新效率分布的重要因素，因地理相邻所产生的空间溢出效应促成了相似绿色技术创新效率水平区域的空间集聚，而相邻区域、地理经济相似区域的绿色技术创新效率相互依赖。

第三，空间溢出效应分解显示国内研发投入首次效应促进了本区域的绿色技术创新水平，二次溢出效应抑制了相邻区域或地理相似区域的绿色技术创新效率，促进了经济地理相似区域的绿色技术创新效率。产业结构的空间溢出呈现"损人利己"效应。首次溢出产业结构显著促进了本区域的绿色技术创新效率，二次溢出效应则明显地抑制在了其他区域的绿色技术创新效率的提升，可能的原因是长江经济带区域产业结构总体偏重，高碳产业占经济的比值居高不下，区域之间存在资源的无序竞争关系。环境规制的基于四种空间权重矩阵的首次溢出、二次溢出和总溢出效应分别为正效应、负效应和负效应，但没有通过显著性检验。说明环境规制在一定程度上促进了本区域的绿色技术创新效率，二次溢出抑制了其他区域绿色技术创新效率。金融业发展水平总溢出效应为负，阻碍了本区域的绿色技术创新效率水平的提升，而二次溢出促进了其他区域的绿色技术创新效率。经济发展水平的提升有助于促进长江经济带绿色技术创新效率。二次溢出效应为负，说明经济发展水平对其他区域的绿色技术创新效率作用呈现"损人利己"效应。

第五章

长江经济带OFDI逆向技术溢出与绿色技术创新

改革开放以来,我国持续的经济增长创造了世界奇迹,但是这种依靠资源投入的高污染、高能耗的粗放式发展模式已经不适应新时代经济高质量发展的需要,因此必须转变经济发展模式,实现绿色发展。绿色技术创新是科技含量高、环境污染少、资源消耗少而又能兼顾经济增长和绿色转型的发展模式,是新一轮科技竞争的重要领域。绿色技术创新能通过降低生产过程中的资源与能源消耗,同时实现经济的高质量发展。

作为发展中国家,技术水平和能力相对薄弱,要实现技术创新水平的提高,除了依靠自主创新,还可以通过国际技术溢出学习、借鉴国外技术,实现绿色技术创新。特别是随着"一带一路"倡议的推进,技术寻求型的对外直接投资(OFDI)已成为提高绿色技术创新实现经济高质量发展的重要渠道。对外直接投资能否提高母国的绿色技术创新水平,与母国的经济发展水平、环境规制水平、产业结构、金融业发展水平等诸多因素息息相关。因此,如何通过对外直接投资逆向技术溢出提高我国的吸收能力,是促进我国绿色技术创新的关键。本章将分析OFDI逆向技术溢出对绿色技术创新效率的影响。

第一节　模型的构建

一、基准模型

首先以Coe and Helpman（1995）[1]提出的国际技术溢出模型为基础，构建OFDI逆向技术溢出的计量模型：

$$\ln GTFP_{it} = \alpha_0 + \alpha_1 \ln OFDI_{it} + \alpha_2 \ln RD_{it} + \alpha_3 \ln TI_{it} + \alpha_4 \ln ER_{it} + \alpha_5 \ln FI_{it} + \alpha_6 \ln PGDP_{it} + \epsilon_{it} \quad (5-1)$$

式中：GTFP 为绿色技术创新效率；OFDI、RD、TI、ER、FI、PGDP 分别为对外直接投资、国内研发投入、产业结构、环境规制、金融业发展水平、经济发展水平；α_0 代表截距项；ϵ_{it} 代表随机误差；t 代表时间项；α_1、α_2、α_3、α_4、α_5、α_6 分别代表OFDI、RD、TI、ER、FI、PGDP的弹性系数。

二、动态面板模型

为了避免可能产生的内生性问题，选择广义矩估计法进行估计。

$$\ln GTFP_{it} = \alpha_0 + L_1 \ln GTFP_{it-1} + \alpha_1 \ln OFDI_{it} + \alpha_2 \ln RD_{it} + \alpha_3 \ln TI_{it} + \alpha_4 \ln ER_{it} + \alpha_5 \ln FI_{it} + \alpha_6 \ln PGDP_{it} + \epsilon_{it} \quad (5-2)$$

三、空间模型SDM

（一）SDM模型

考虑到我国各区域发展不均衡，存在空间异质性，SDM模型。

$$\ln GTFP_{it} = \rho \sum_{j=1}^{N} w_{ij} \ln GTFP_{jt} + c_0 + \eta_1 \ln OFDI_{it} + \eta_2 \ln RD_{it} + \eta_3 \ln TI_{it} + \eta_4 \ln ER_{it} +$$

---

[1] DAVID T. C, HELPMAR E. International R&D spillovers[J]. European Economic Review, 1995（5）:859-887.

$$\eta_5 \ln FI_{it} + \eta_6 \ln PGDP_{it} + \phi_1 \sum_{j=1}^{N} w_{ij} \ln OFDI_{it} + \phi_2 \sum_{j=1}^{N} w_{ij} \ln RD_{it} + \phi_3 \sum_{j=1}^{N} w_{ij} \ln TI_{it} +$$

$$\phi_4 \sum_{j=1}^{N} w_{ij} \ln ER_{it} + \phi_5 \sum_{j=1}^{N} w_{ij} \ln FI_{it} + \phi_6 \sum_{j=1}^{N} w_{ij} \ln PGDP_{it} + \mu_{it} + \lambda_{it} + \epsilon_{it} \quad (5\text{-}3)$$

式中：ρ 为绿色技术创效效率的空间溢出系数；ϕ_i 为解释变量的空间溢出系数；w_{ij} 为 n*n 阶空间权重矩阵当中第 i 行 j 列元素；i 和 j 分别代表截面和时期。

（二）空间权重矩阵

按照前一章的做法，使用了空间0-1邻近矩阵、地理距离的空间权重矩阵、经济距离的空间权重矩阵、经济地理结合的空间权重矩阵四种矩阵进行对比研究。

四、门槛模型

OFDI逆向技术溢出效应和吸收能力存在差异，采用Hansen（1999）[1]提出的面板门槛回归模型，分别将影响OFDI逆向技术溢出效果的因素（研发投入、人力资本、产业经济、技术创新、环境规制、数字经济、经济发展水平、市场化程度等因素）作为门槛变量，实证检验OFDI研发溢出对长江经济带绿色技术创新效率影响的门限特征，构建模型如下：

$$\ln GTFP_{it} = \delta_0 + \delta_1 \ln OFDI_{it} I(q_{it} \leq \theta) + \delta_2 \ln OFDI_{it} I(q_{it} > \theta) + \delta_3 \ln RD_{it} +$$

$$\delta_4 \ln TI_{it} + \delta_5 \ln FI_{it} + \delta_6 \ln ER_{it} + \delta_7 \ln PGDP_{it} + \epsilon_{it} \quad (5\text{-}4)$$

式中：q_{it} 为门槛变量，反映各省（市）区域因素；θ 为带估算的门槛值；$I(\cdot)$ 为指标函数。

---

[1] HANSEN B E. Threshold effects in non-dynamic panels: Estimation, testing, and inference [J]. Journal of econometrice, 1999,93（2）：345-368.

第二节　实证分析

一、基准回归

为了分析长江经济带对外直接投资逆向技术溢出对绿色技术创新效率的影响，本节将采用面板最小二乘法（OLS）进行估计。

从表5-1第1列的回归结果来看，采用固定效应进行回归，对外直接投资逆向技术溢出的回归系数在1%水平下显著为负，说明对外直接投资逆向技术溢出抑制了长江经济带各区域绿色技术创新能力的提升，而国内研发投入、产业结构对绿色技术的影响系数为正值，环境规制、经济发展水平没有通过显著性检验。第1列是随机效应进行的回归，各解释变量的回归系数与固定效应的回归系数正负号一致，说明模型较为稳健。

表5-1　对外直接投资对绿色技术创新的OLS估计

指标	ols回归	稳健性检验
ln$OFDI$	−0.248 9*** （−2.99）	−0.209 5*** （−2.44）
lnRD	1.191 6*** （4.61）	1.008 1*** （3.75）
lnTI	1.293 7*** （5.29）	2.381 6*** （4.97）
lnER	0.037 2（0.63）	0.022 2（0.37）
lnFI	−1.064 6*** （−5.02）	−1.129 27*** （−4.98）
ln$PGDP$	0.027 4（0.09）	0.047 2（0.16）
常数项	−2.902 1（−0.81）	−1.652 0（−0.43）
面板设定的F检验	7.34[0.000 0]	7.07[0.000 0]
Hauaman检验	10.90[0.142 9]	6.19[0.517 4]
估计方法选择	fe	re

注：（　）括号内为标准误，***表示1%的水平上显著。

二、动态效应

(一)模型的选择

模型如果存在内生性问题,直接利用传统的固定效应或随机效应模型进行分析,得到的结果会有一定的偏差。而工具变量法和广义矩估计(GMM)是常见的两种克服内生性问题的有效方法。

为了避免传统的固定效应或随机效应模型可能存在的内生性问题,本部分选择广义矩(GMM)估计方法进行估计,分别用系统差分广义矩(DIF-GMM)和广义矩(SYS-GMM)两种方法进行回归。Arellano and Bond(1991)[1]指出,广义矩估计法的两步法比一步法更有效,因此本文给出了差分广义矩两步法和系统广义矩两步法的估计结果。

GMM估计法可靠性检验结果显示(见表5-2倒数第1行),两个回归模型均通过了Sargan检验,说明不存在过度识别问题。随机扰动项自相关检验结果显示,模型随机扰动项存在一阶自相关,而不存在二阶自相关(见表5-2倒数第2和3行),即接受模型原假设,说明模型估计结果是有效的。Wald检验结果显示(见表5-2倒数第4行)被估计模型整体上具有显著性。

表5-2 对外直接投资溢出对绿色技术创新的动态效应

方法	广义矩GMM回归		稳健性检验	
	SYS-GMM	DIF-GMM	SYS-GMM	DIF-GMM
被解释变量滞后一期$L1$	0.241 1*** (3.26)	0.162 2*** (1.99)	0.273 7*** (3.76)	0.147 7*** (1.83)

---

[1] ARELLANO M, BOND S. Some Tests of Specification for Panel Data: Monte Carlo Evidence and an Application to Employment Equations[J]. Review of Economic Studies, 1995 (58): 277-297.

续表

方法	广义矩GMM回归		稳健性检验	
	SYS-GMM	DIF-GMM	SYS-GMM	DIF-GMM
lnOFDI	−0.191 2*** (−3.09)	−0.201 1*** (−2.62)	−0.187 9*** (−3.00)	−0.208 4*** (−2.74)
lnRD	0.849 6*** (4.33)	0.622 7*** (2.37)	0.739 8*** (4.04)	0.637 0*** (2.44)
lnTI	0.363 7*** (1.87)	0.298 6 (1.22)	0.488 4 (1.31)	0.638 2 (1.49)
lnER	0.042 8 (1.33)	0.006 9 (0.21)	0.037 6 (1.16)	0.006 2 (0.19)
lnFI	−0.758 6*** (−4.31)	−0.710 9*** (−4.06)	−0.720 1*** (−3.92)	−0.756 7*** (−4.19)
lnPGDP	0.701 6*** (3.48)	0.802 6*** (3.70)	0.796 0*** (4.06)	0.795 4*** (3.81)
常数项	−9.426 8*** (−4.09)	−11.184*** (−4.22)	−10.133 40*** (−4.21)	−10.742 8*** (−3.99)
Wald卡方值	739.96 [0.000 0]	332.40 [0.000 0]	725.24 [0.000 0]	335.14 [0.000 0]
AR(1)	−2.502 2 [0.012 3]	−2.813 6 [0.004 9]	−0.239 16 [0.001 0]	0.256 07 [0.007 9]
AR(2)	1.051 6 [0.293 0]	1.007 4 [0.313 3]	−1.124 6 [0.260 8]	0.715 99 [0.474 0]
Sagan检验	5.056 208 [1.000 0]	4.912 193 [1.000 0]	4.774 82 [1.000 0]	5.184 784 [1.000 0]

注：***表示在1%的水平上显著，()括号内为t值，[]括号内为对应统计量的P值。

（二）结果分析

1.绿色技术创新存在较强的动态累积效应

滞后一期的系数在1%水平下显著为正，回归系数为0.2411，即当长江经济带前一期绿色技术创新效率提高1%时，当期绿色技术创新效率提高0.2411%。说明长江经济带绿色技术创新受前期影响，存在较强的动态累积效应。

2.长江经济带对外直接投资抑制了绿色技术创新效率的提升

对外直接投资回归系数为0.2411，在1%水平下显著为负，说明对外直接投资（OFDI）抑制了长江经济带绿色技术创新能力的提升，这与聂秀华、吴青（2020）[1]的研究结论一致。可能的原因是：一是在长江经济带对外直接投资目的地中，发达国家占比较少，发展中国家占比较大，获得技术溢出相对较少。二是在对外直接投资产业结构中，仍以资本和劳动密集型产业为主，技术含量较低的传统行业占比大，绿色技术获取型投资占比较小，劳动密集型行业较多。数据显示，2020年，长江经济带对外直接投资存量的80%集中于服务业，重点分布在金融、租赁和商务服务、信息传输/软件和信息技术服务、交通运输/仓储和邮政、批发和零售、房地产等领域，技术性行业占比较少。三是近年来，受新冠疫情、贸易摩擦、全球经济衰退等风险上升的影响，对外投资环境不佳，且部分西方发达国家陆续提高准入门槛、增加附加额外条件，审查程序越来越严格，增加了对外投资难度，延缓了长江经济带技术获取和产业升级，从而影响了绿色技术创新进程。

3.普通的OLS高估了外商直接投资对绿色技术创新的抑制作用

在OLS估计中，外商直接投资对绿色技术创新影响的系数为0.2489，在sys-GMM估计中，外商直接投资对绿色技术创新影响的系数为0.1912，说明忽略了动态性的OLS回归高估了OFDI对绿色技术创新的抑制作用。

4.控制变量国内研发投入促进绿色技术创新效率

国内研发投入的系数是0.849 6，且在1%水平上显著，说明当国内研发投

---

[1] 聂秀华，吴青.对外直接投资的逆向绿色技术溢出效应真的存在吗?[J].管理现代化，2020，40（2）：7-11.

入增加1%时，绿色技术创新效率提升0.849 6%。产业结构促进绿色技术创新效率，产业结构的系数是0.363 7，且在1%水平上显著，说明当产业结构（第三产业占比）增加1%时，绿色技术创新效率提升0.363 7%。环境规制的系数为0.042 8，虽然没有通过显著性检验，但大体可以说明环境规制与绿色技术创新效率正相关。金融业发展抑制绿色技术创新效率，金融业发展水平的系数为–0.758 6，且通过了1%的显著性检验，说明金融业发展每提升1%时，绿色技术创新水平降低0.758 6%。经济发展水平促进绿色技术创新效率，经济发展水平的系数为0.701 6，且通过了1%的显著性检验，说明当经济发展水平提升1%的时候，绿色技术创新水平提升0.701 6%。

（三）稳健性检验

为了检验结果的稳健性，采用替换产业结构指标（将第三产业增加值与第二产业增加值的比作为产业结构的替代变量）进行回归（表5-2），结果显示，随着回归变量的改变，各因子的回归系数的正负号和显著性没有发生明显改变，说明该模型稳定性强。

三、空间效应

（一）空间效应估计

1.模型稳定性较强

对比普通线性OLS回归、动态GMM回归与空间面板模型回归结果（表5-3）。对外直接投资（$\ln OFDI$）、国内研发投入（$\ln RD$）、产业结构（$\ln TI$）、环境规制（$\ln ER$）、金融业发展水平（$\ln FI$）、经济发展水平（$\ln PGDP$）的回归系数与普通线性OLS回归和动态GMM回归系数正负方向一致，说明Coe-Helpman-Durbin空间面板模型稳定性较强。

2.长江经济带绿色技术创新效率存在显著的"双抑制"空间效应

长江经济带对外直接投资不仅抑制本地区技术创新提升，还通过空间溢出效应明显地降低了相邻地区绿色技术创新效率，呈现"双抑制"的空间效应。从基于相邻空间权重、地理距离权重、经济空间权重、经济—地理空间权重四种SDM空间模型估计的结果来看，空间自回归系数ρ均在1%的置信度水平下高度显著，这与上一章的结论基本一致，略有不同的地方在于基于经济空间权重的空间模型也显著了，说明加入对外直接投资这一解释变量后，绿色技术创新的空间溢出效应更加显著了，一定程度上说明对外直接投资增强了绿色技术创新效率的空间效应。基于四种空间矩阵的空间模型都显著，充分说明长江经济带区域之间的绿色技术创新效率空间交互作用较强，一个区域的绿色技术创新不仅影响自身发展，还与相邻空间、地理相近或经济发展水平相似区域的绿色技术创新相关。

基于相邻空间权重、地理距离权重、经济空间权重、经济地理空间权重的空间自回归系数ρ值分别为-0.534 3、-0.659、-0.322 7、-0.402 9，表明对外直接投资逆向技术溢出所在地的绿色技术创新效率每提高1%，将分别使地理相邻区域、地理相近区域、经济相似区域和地理—经济相似区域的绿色技术创新效率降低0.534 3%、0.659%、0.322 7%和0.402 9%个百分点。

首先，空间自回归系数ρ值最大的是基于地理距离空间权重矩阵的空间溢出效应，其次是相邻空间，地理经济距离空间权重第三，最后是经济距离空间权重矩阵。说明空间因素对长江经济带绿色技术创新的影响很大，其中基于地理相似的空间因素影响最大，而经济、地理、相邻等因素则推动了长江经济带绿色技术创新的聚集发展。

表5-3 对外直接投资溢出对绿色技术创新的空间效应

被解释变量	相邻空间权重	地理距离权重	经济空间权重	经济地理空间权重
ρ	-0.534 3*** (-3.82)	-0.659*** (-4.29)	-0.322 7*** (-2.12)	-0.402 9*** (-3.22)
lnOFDI	-0.314 4*** (-4.38)	-0.210*** (-3.33)	-0.227 7*** (-2.81)	-0.284 3*** (-3.82)

续表

被解释变量	相邻空间权重	地理距离权重	经济空间权重	经济地理空间权重
lnRD	0.973 5*** (4.30)	0.853 5*** (4.47)	0.993 0*** (4.02)	1.129 0*** (5.01)
lnTI	1.207 8*** (4.53)	1.273 0*** (6.03)	1.672 3*** (6.19)	1.463 1*** (5.20)
lnER	0.021 8 (0.42)	0.021 1 (0.41)	0.031 3 (0.57)	0.045 4 (0.82)
lnFI	−0.882 5*** (−4.50)	−1.023 0*** (−5.61)	−1.027 8*** (−4.23)	−1.048 7*** (−4.20)
ln$PGDP$	0.402 4*** (1.69)	0.298 0 (1.45)	0.359 0 (1.30)	0.367 7 (1.35)
常数项	−15.393 0*** (−2.60)	−11.772 9** (−1.81)	5.238 4 (0.67)	0.448 2 (0.08)
W*ln OFDI	−0.511 3*** (−3.57)	−0.351 6** (−1.94)	−0.255 2*** (−1.71)	−0.330 6*** (−2.63)
W*lnRD	0.203 3 (0.39)	0.046 3** (0.09)	1.956*** (2.88)	1.109 3*** (2.53)
W*lnTI	−0.028 0 (−0.06)	0.416 2 (0.78)	−0.114 2 (−0.18)	0.116 68 (0.25)
W*lnER	−0.109 9 (−1.16)	−0.374 6*** (−3.51)	−0.052 6 (−0.57)	−0.143 43 (−1.60)
W*lnFI	0.359 2 (0.88)	0.107 1 (0.23)	−0.152 1 (−0.39)	0.452 7 (1.17)
W*ln$PGDP$	0.554 5 (1.28)	0.081 4 (0.16)	−0.981 5** (−1.72)	0.625 2 (−1.61)
LogLR^2	0.454 6	0.426 4	0.434 9	0.419 4
Log-likelihood	−13.290 6	−9.313 7	−18.344 2	−15.347 1
sigma2_e	0.057 1*** (6.66)	0.057 4*** (6.53)	0.066 4*** (6.68)	0.062 8*** (6.43)

续表

被解释变量	相邻空间权重	地理距离权重	经济空间权重	经济地理空间权重
Hausman 检验	3.6e+11 [0.0000]	1.0e+11 [0.0000]	6.9e+09 [0.0000]	3.6e+10 [0.0000]

注：***、**分别表示在1%、5%的水平上显著，（ ）括号内为t值，[ ]括号内为对应统计量的P值。

（二）首次溢出、二次溢出和总溢出效应估计

在空间回归的基础上，将基于相邻空间权重、地理距离权重、经济空间权重、经济地理四种空间权重的空间效应进行分解（表5-4）。从四种空间权重的总溢出效应结果来看，各变量主效应回归系数的符号一致，说明在不同模型设置的情况下，溢出效应较为稳定，且模型的稳健性较好。

长江经济带对外直接投资逆向技术溢出的首次、二次和总溢出效应均为负值，说明长江经济带的对外直接投资阻碍了所在区域绿色技术创新效率的提升，其二次溢出也抑制了其他区域的绿色技术创新效率的提升，即呈现"损人不利己"效应，说明长江经济带企业通过"走出去"进入国际市场，在绿色技术创新方面，其"干中学"和"示范效应"作用不明显。可能的原因在于：一是受贸易摩擦、全球经济衰退等风险上升的影响，对外投资环境不佳，且部分西方发达国家陆续提高准入门槛、增加附加额外条件，审查程序越来越严格，增加了对外投资难度，延缓了长江经济带技术获取和产业升级，从而影响了绿色技术创新进程。二是长江经济带对外直接投资的产业大部分是服务业，位于全球产业链、价值链的低端，技术性不强，企业学习到绿色技术创新较难。三是中国作为发展中国家，企业"走出去"的主要动机不是绿色技术创新，而是生存和发展，提高市场占有率。即使在市场竞争过程中，通过模仿和学习获得了绿色技术，也会因考虑到生产成本和经济发展阶段，而实际将技术应用到生产中的企业较少。

表5-4 首次溢出、二次溢出和总溢出效应分解

被解释变量	相邻空间权重	地理距离权重	经济空间权重	经济地理空间权重
首次溢出LR_Direct	首次溢出LR_Direct	首次溢出LR_Direct	首次溢出LR_Direct	首次溢出LR_Direct
lnOFDI	−0.265 1*** （−3.71）	−0.184 0*** （−3.07）	−0.214 4*** （−2.70）	−0.261 4*** （−3.60）
lnRD	1.019 6*** （3.87）	0.916 0*** （4.34）	0.859 7*** （3.17）	1.052 2*** （4.19）
lnTI	1.315 4*** （4.47）	1.335 0*** （5.71）	1.736 8*** （5.95）	1.526 0*** （4.99）
lnER	0.037 5 （0.60）	0.067 2 （1.15）	0.034 6 （0.59）	0.062 0 （1.01）
lnFI	−0.997 6*** （−4.70）	−1.116 9*** （−5.87）	−1.032 7*** （−4.18）	−1.139 2*** （−4.42）
lnPGDP	0.350 4 （1.20）	0.308 8 （1.21）	0.441 0 （1.46）	0.450 1 （1.48）
二次溢出效应LR_Indirect	二次溢出效应LR_Indirect	二次溢出效应LR_Indirect	二次溢出效应LR_Indirect	二次溢出效应LR_Indirect
lnOFDI	−0.276 4*** （−2.62）	−0.158 1 （−1.37）	−0.156 5 （−1.33）	−0.180 4** （−1.89）
lnRD	−0.240 7 （−0.58）	−0.370 5 （−1.06）	1.403 4*** （2.38）	0.553 0 （1.60）
lnTI	−0.547 3 （−1.40）	−0.317 8 （−0.85）	−0.548 1 （−1.01）	−0.401 3 （−0.99）
lnER	−0.094 3 （−1.09）	−0.280 6*** （−3.10）	−0.050 0 （−0.60）	−0.132 1 （−1.60）
lnFI	0.668 9*** （2.22）	0.578 5*** （1.87）	0.160 0 （0.55）	0.732 3*** （2.42）
lnPGDP	0.265 6 （0.68）	−0.083 4 （−0.20）	−0.940 6*** （−1.86）	−0.642 9*** （−1.77）

续表

被解释变量	相邻空间权重	地理距离权重	经济空间权重	经济地理空间权重
总溢出效应LR_Total	总溢出效应LR_Total	总溢出效应LR_Total	总溢出效应LR_Total	总溢出效应LR_Total
ln$OFDI$	−0.541 6*** (−4.79)	−0.342 1*** (−2.66)	−0.370 9*** (−2.65)	−0.441 8*** (−3.82)
lnRD	0.778 9*** (2.19)	0.545 4 (1.63)	2.263 1*** (4.34)	1.605 2*** (5.51)
lnTI	0.768 1*** (2.66)	1.017 2*** (3.42)	1.188 7*** (2.85)	1.124 7*** (4.11)
lnER	−0.056 8*** (−0.84)	−0.213 4*** (−2.92)	−0.015 5 (−0.20)	−0.070 1 (−1.00)
lnFI	−0.328 7*** (−1.16)	−0.538 4*** (−1.74)	−0.872 7*** (−2.56)	−0.406 9 (−1.26)
ln$PGDP$	0.616 0*** (2.07)	0.225 4 (0.73)	−0.499 7 (−1.13)	−0.192 8 (−0.65)

注：***、**分别表示在1%、5%的水平上显著，（ ）括号内为t值。

四、门槛效应

动态效应表明长江经济带OFDI逆向技术溢出抑制了绿色技术创新效率，空间计量结果也表明OFDI逆向技术溢出对绿色技术创新的影响呈现抑制作用，那么OFDI逆向技术溢出对绿色技术创新的影响会不会因为影响技术吸收能力的数字经济发展、环境规制、产业结构、经济发展水平、对外开放水平、市场化进程、人力资本、研发投入等水平的变化而发生变化呢？或者可能长江经济带OFDI逆向技术溢出对绿色技术创新的影响会不会出现区域异质性呢？可能出现这种状况的原因在于长江经济带区域经济发展不均衡，尤其是在数字经济发展、环境规制、产业结构、经济发展水平、对外开放水平、市场化进程、人力资本、研发投入、传统技术创新等方面存在差异，导致各区域吸收OFDI逆向技术溢出的能力不一样。但部分经济发达区域，因为凭借较高的数字经济发展、环境规制、产业结构、经济发展水平、对外开放水平、市场化进程、研发投入、人力资本等方面获得了较好的消化吸收能力，所以这些地区的OFDI逆向技术溢出对绿色技术创新产生了正向影响，相反则会产生负向影响。也就是说长江经济带OFDI逆向技术溢出对绿色技术创新的影响可能存在关于吸收能力的"门槛值"，当吸收能力达到门槛值时，OFDI对绿色技术创新效率的影响会出现跳跃的非线性效应。鉴于此，本部分将利用门槛回归模型测算引发技术溢出效应变化的各种因素的门槛水平。

（一）以研发投入（RD）为门槛变量

1.门槛效应检验

表5-5表明了以国内研发投入为门槛变量时长江经济带OFDI逆向技术溢出对绿色技术创新效率的门槛效应检验结果。门槛变量的单一门槛检验的F统计量的P值1%的显著性水平上显著，双重门槛检验和三重门槛检验的F统计量P值没有通过显著性检验。所以应选择单一门槛模型检验OFDI逆向技术溢出对长江经济带绿色技术创新效率的门槛效应。

表5-5 以国内研发投入（RD）为门槛变量的门槛效应检验

模型	F值	P值	BS次数	1%	5%	10%
单一门槛	41.691***	0.003	300	34.554	21.223	10.771
双重门槛	2.931	0.330	300	17.945	10.268	7.265
三重门槛	3.483	0.137	300	13.596	5.885	4.395

注：***表示在1%的水平上显著。

2.结果分析

从表5-6可以看出以国内研发投入为门槛变量时，单一门槛模型的门槛值为0.095，OFDI对绿色技术创新的影响存在明显的单门槛效应。

当 $RD \leq 0.095$ 时，长江经济带OFDI逆向技术溢出对绿色技术创新效率的影响的回归系数是-0.4352，且在1%的水平下显著，处于强负相关发展区段；当 $RD>0.095$ 时，回归系数是-0.2767，且在1%的水平下显著，处于弱负相关发展区段。说明随着门槛变量国内研发投入的增多，长江经济带OFDI逆向技术溢出对绿色技术创新效率的阻碍作用会逐渐降低，而随着国内研发投入的增加，对外直接投资逆向技术溢出对绿色技术创新的"挤出效应"会减弱。

表5-6 以国内研发投入为门槛变量时OFDI逆向技术溢出对绿色技术创新效率的影响

lnGTFP	系数	标准误	t	P>|t|	90%置信区间	
lnOFDI_1	-0.4352	0.0880	-4.95	0.000	-0.6100	-0.2605
lnOFDI_2	-0.2767	0.0853	-3.25	0.002	-0.4461	-0.1074
lnTI	1.3237	0.2516	5.26	0.000	0.8240	1.8233
lnER	-0.0061	0.0531	-0.11	0.909	-0.1116	0.0994
lnFI	-0.6161	0.2089	-2.95	0.004	-1.0310	-0.2012
lnPGDP	0.5381	0.2519	2.14	0.035	0.0379	1.0383
_cons	-9.9672	2.8949	-3.44	0.001	-15.7158	-4.2185
门槛估计值	0.095						
95%置信区间	[0.095，0.097]						

再结合长江经济带门槛区域内省的分布来看（表5-7），2011—2013年，安徽、重庆、湖北、湖南、江苏、江西、上海、四川、浙江等区域跨过了门槛值处于弱负相关发展区段，其他区域处于强负相关发展区段。2020年，仅有云南仍处于强负相关发展区域，而其他区域均则跨过了门槛值处于弱负相关发展区段。

表5-7 各门槛区间区域异质性

年份	RD≤0.095	RD>0.095
2011—2013	贵州、江西、云南	安徽、重庆、湖北、湖南、江苏、江西、上海、四川、浙江
2014—2016	贵州、云南	安徽、重庆、湖北、湖南、江苏、江西、上海、四川、浙江、江西
2017—2018	贵州	安徽、重庆、湖北、湖南、江苏、江西、上海、四川、浙江、江西、云南
2019	贵州、云南	安徽、重庆、湖北、湖南、江苏、江西、上海、四川、浙江、江西
2020	贵州	安徽、重庆、湖北、湖南、江苏、江西、上海、四川、浙江、江西、云南

（二）以人力资本为门槛变量

1.门槛效应检验

表5-8表明了人力资本为门槛变量时长江经济带OFDI逆向技术溢出对绿色技术创新效率的门槛效应检验结果。门槛变量的单一门槛检验的F统计量的P值在10%的显著性水平上显著，双重门槛检验和三重门槛检验的F统计量P值没有通过显著性检验。所以应选择单一门槛模型检验OFDI逆向技术溢出对长江经济带绿色技术创新效率的门槛效应。

表5-8 人力资本为门槛变量的门槛效应检验

模型	F值	P值	BS次数	1%	5%	10%
单一门槛	30.108**	0.017	300	33.927	13.035	7.864
双重门槛	21.758	0.123	300	25.710	15.487	10.307
三重门槛	15.297	0.123	300	18.030	13.144	8.963

2.结果分析

当以人力资本为门槛变量时，为单一门槛模型，门槛值为16.126（表5-9），说明当人力资本为门槛变量时，对外直接投资逆向技术溢出对绿色技术创新存在显著的门槛效应。当$HR \leq 16.126$时，长江经济带OFDI逆向技术溢出对绿色技术创新效率的回归系数是-0.3362，且在1%的水平下显著，处于强负相关发展区段；当$HR > 16.126$时，回归系数是-0.1297，且在1%的水平下显著，处于弱负相关发展区段。说明随着门槛变量人力资本素质的逐渐提升，长江经济带OFDI逆向技术溢出对绿色技术创新效率的负向影响会逐渐减弱，而随着人力资本素质的提高，则对OFDI逆向技术溢出的吸收能力增强，对外直接投资逆向技术溢出对绿色技术创新的阻碍作用会减弱。

表5-9 以人力资本为门槛变量时OFDI逆向技术溢出对绿色技术创新效率的影响

lnGTFP	系数	标准误	t	P>|t|	95%置信区间	
lnOFDI_1	-0.3362	0.0892	-3.77	0.000	-0.5134	-0.1590
lnOFDI_2	-0.1297	0.0951	-1.36	0.176	-0.3185	0.0591
lnRD	-0.1160	0.3818	-0.30	0.762	-0.8742	0.6423
lnTI	1.2121	0.2733	4.44	0.000	0.6694	1.7549
lnER	-0.0029	0.0562	-0.05	0.959	-0.1145	0.1087
lnFI	-1.1255	0.2180	-5.16	0.000	-1.5585	-0.6926
lnPGDP	0.6783	0.3165	2.14	0.035	0.0498	1.3068
_cons	-12.4261	3.9964	-3.11	0.002	-20.3634	-4.4888
门槛值	16.126					
95%置信区间	16.120, 16.437					

再结合长江经济带门槛区域内省的分布来看（表5-10），2011年，安徽、湖北、湖南、江苏、江西、上海、四川、云南、浙江等区域均跨过了门槛值处于弱负相关发展区段，其他区域则处于强负相关发展区段。2020年，仅有贵州仍处于强负相关发展区域，其他区域均跨过了门槛值处于弱负相关发展区段。

第五章　长江经济带OFDI逆向技术溢出与绿色技术创新

表5-10　各门槛区间区域异质性

年份	lnHR≤16.126	lnHR>16.126
2011	重庆、贵州	安徽、湖北、湖南、江苏、江西、上海、四川、云南、浙江
2020	贵州	安徽、重庆、贵州、湖北、湖南、江苏、江西、四川、云南、浙江

（三）以产业结构TI为门槛变量

1.门槛效应检验

表5-11表明了产业结构为门槛变量时长江经济带OFDI逆向技术溢出对绿色技术创新效率的门槛效应检验结果。当门槛变量的单一门槛检验和二重门槛检验的F统计量P值没有通过显著性检验，三重门槛检验的F统计量的P值在1%的显著性水平上显著。所以应选择三重门槛模型检验OFDI逆向技术溢出对长江经济带绿色技术创新效率的门槛效应。

表5-11　产业结构（TI）为门槛值的门槛效应检验

模型	F值	P值	BS次数	1%	5%	10%
单一门槛	5.467	0.183	300	12.220	7.115	5.068
双重门槛	2.538	0.347	300	25.520	17.916	15.150
三重门槛	35.831***	0.000	300	21.089	16.561	11.633

注：***表示在1%的水平上显著。

2.结果分析

以产业结构为门槛变量时，长江经济带OFDI逆向技术溢出对绿色技术创新效率的影响存在非线性效应，三重门槛模型中的门槛值分别为1.267、1.364和1.672（表5-12），且在1%的水平上显著。随着产业结构这一门槛变量的逐渐增大，长江经济带OFDI逆向技术溢出对绿色技术创新效率的负向影响会减弱。说明随着产业结构的绿色化、低碳化转型，对外直接投资的结构也会逐渐优化，其逆向技术溢出对绿色技术创新的负向影响会减弱。

表5-12　以产业结构为门槛变量时OFDI对技术创新效率的影响

lnGTFP	系数	标准误	t	P>|t|	95%置信区间	
lnRD	−0.078 2	0.426 9	−0.18	0.855	−0.926 3	0.769 8
lnER	0.069 2	0.063 3	1.09	0.278	−0.056 7	0.195 0
lnFI	−0.545 0	0.245 5	−2.22	0.029	−1.032 6	−0.057 4
ln$PGDP$	0.821 8	0.356 5	2.31	0.023	0.113 8	1.529 9
ln$OFDI\_1$	−0.373 7	0.148 3	−2.52	0.014	−0.668 3	−0.079 0
ln$OFDI\_2$	−0.304 2	0.110 4	−2.75	0.007	−0.523 5	−0.084 8
ln$OFDI\_3$	−0.228 6	0.100 1	−2.28	0.025	−0.427 5	−0.029 8
ln$OFDI\_4$	−0.155 2	0.110 2	−1.41	0.062	−0.374 0	0.063 6
_cons	−11.800 9	4.664 3	−2.53	0.013	−21.066 0	−2.535 8
门槛估计值	门槛值1	1.267	门槛值2	1.364	门槛值3	1.672
95%置信区间	门槛值1	[1.230, 1.268]	门槛值1	—	门槛值1	[0.681, 2.693]

再结合长江经济带门槛区域内省的分布来看（表5-13），2011—2012年，除了上海处于1.364<TI≤1.672的较弱负相关发展区段外，安徽、重庆、湖北、湖南、江苏、江西、四川、云南、浙江等区域均处于TI≤1.267的强负相关发展区段。2013—2016年，则只有上海跨过了1.672的门槛值，处于弱弱负相关发展区段。2020年，江苏、江西仍处于强负相关发展区段，安徽、重庆、湖北、湖南处于第二门槛区间内的较强负相关发展区域，贵州、四川、云南处于第三门槛区域内的弱负相关发展区域，上海、浙江则处于第四门槛区域内的较弱负相关发展区段。

第五章　长江经济带 OFDI 逆向技术溢出与绿色技术创新

表5-13　各门槛区间区域异质性

年份	$TI \leq 1.267$	$1.267 < TI \leq 1.364$	$1.364 < TI \leq 1.672$	$TI > 1.672$
2011	安徽、重庆、湖北、湖南、江苏、江西、四川、云南、浙江	—	上海	—
2012	安徽、重庆、湖北、湖南、江苏、江西、四川、云南、浙江、贵州	—	上海	—
2013	安徽、重庆、湖北、湖南、江苏、江西、四川、云南、浙江、贵州	—	—	上海
2014	安徽、重庆、湖北、湖南、江苏、江西、四川、云南、浙江、贵州	—	—	上海
2015	安徽、重庆、湖北、湖南、江苏、江西、四川、云南、浙江、贵州	—	—	上海
2016	安徽、重庆、湖北、湖南、江苏、江西、四川、云南、浙江、贵州	—	—	上海
2017	安徽、重庆、湖北、湖南、江苏、江西、云南、浙江、贵州	四川	—	上海
2018	安徽、贵州、湖北、湖南、江苏、江西、云南	重庆、浙江	四川	上海
2019	安徽、湖北、江苏、江西	重庆、贵州、浙江	湖南、四川、云南	上海
2020	江苏、江西	安徽、重庆、湖北、湖南	贵州、四川、云南	上海、浙江

（四）以技术创新为门槛变量

表5-14表明了以技术创新水平为门槛变量时长江经济带OFDI逆向技术溢出对绿色技术创新效率的门槛效应检验结果。门槛变量的单一、双重和三重门槛检验的F统计量的P值在1%的显著性水平上显著。为了简化，选择单门槛模型检验OFDI逆向技术溢出对长江经济带绿色技术创新效率的门槛效应。

表5-14 技术创新为门槛值的门槛效应检验

模型	F值	P值	BS次数	1%	5%	10%
单一门槛	140.474***	0.000	300	27.724	15.381	9.385
双重门槛	64.884***	0.000	300	9.990	6.340	1.951
三重门槛	42.981***	0.000	300	13.431	6.809	5.232

注：***表示在1%的水平上显著。

以技术创新为门槛变量时，为单一门槛模型，门槛值为0.700（表5-15），当$TFP \leq 0.700$时，长江经济带OFDI逆向技术溢出对绿色技术创新效率的回归系数是-0.1674，且在1%的水平下显著，处于负相关发展区段；当$TFP > 0.700$时，回归系数是0.1032，且在1%的水平上显著，处于正相关发展区段。说明随着技术创新这个门槛变量取值区间由低到高的转变，长江经济带OFDI逆向技术溢出对绿色技术创新效率的影响出现由负相关转向正相关的非线性特征，可能的原因是随着技术创新水平的提升，长江经济带对外直接投资以技术获取为主要目的的投资项目占比逐渐增加，促进了外商直接投资对绿色技术创新效率的正向作用。

表5-15 以技术创新为门槛变量时OFDI对技术创新效率的影响

lnGTFP	系数	标准误	t	P>|t|	95%置信区间	
lnRD	0.122 9	0.204 5	0.60	0.550	-0.283 5	0.529 2
lnTI	0.517 8	0.149 1	3.47	0.001	0.221 7	0.814 0
lnER	-0.011 1	0.029 1	-0.38	0.704	-0.068 8	0.046 7
lnFI	-0.769 2	0.112 6	-6.83	0.000	-0.992 8	-0.545 6
ln$PGDP$	0.239 6	0.151 0	1.59	0.116	-0.060 4	0.539 5
ln$OFDI\_1$	-0.167 4	0.048 6	-3.44	0.001	-0.263 9	-0.070 8

续表

lnGTFP	系数	标准误	t	P>|t|	95%置信区间	
lnOFDI_2	0.103 2	0.054 0	1.91	0.059	−0.004 0	0.210 5
cons	−5.681 6	1.912 3	−2.97	0.004	−9.480 8	−1.882 3
门槛估计值	0.700					
95%置信区间	[0.700, 0.700]					

再结合长江经济带门槛区域内省的分布来看（表5-16），2011—2012年，所有区域均处于负相关区域。2013年，上海跨过了门槛值处于正相关发展区段，其他区域处于负相关发展区段。2014—2016年，湖北、上海处于正相关发展区段，其他区域处于负相关发展区段。而到2020年，仅有安徽、重庆、江西、云南、贵州仍处于负相关发展区域，四川、湖北、湖南、江苏、上海、浙江均跨过了门槛值处于弱负相关发展区段。

表5-16　各门槛区间区域异质性

年份	$TFP \leq 0.700$	$TFP > 0.700$
2011	安徽、重庆、湖北、湖南、江苏、江西、四川、云南、浙江、上海、贵州	—
2012	安徽、重庆、湖北、湖南、江苏、江西、四川、云南、浙江、上海、贵州	—
2013	安徽、重庆、湖北、湖南、江苏、江西、四川、云南、浙江、上海、贵州	上海
2014	安徽、重庆、湖南、江苏、江西、四川、云南、浙江、贵州	湖北、上海
2015	安徽、重庆、湖南、江苏、江西、四川、云南、浙江、贵州	湖北、上海
2016	安徽、重庆、湖南、江苏、江西、四川、云南、浙江、贵州	湖北、上海

续表

年份	TFP≤0.700	TFP>0.700
2017	安徽、重庆、湖南、江西、四川、云南、浙江、贵州	湖北、江苏、上海
2018	安徽、重庆、湖南、江西、云南、浙江、贵州	四川、湖北、江苏、上海
2019	安徽、重庆、湖南、江西、云南、贵州	四川、湖北、江苏、上海、浙江
2020	安徽、重庆、江西、云南、贵州	四川、湖北、湖南、江苏、上海、浙江

（五）以环境规制为门槛变量

1.门槛效应检验

表5-17表明了环境规制为门槛变量时长江经济带OFDI逆向技术溢出对绿色技术创新效率的门槛效应检验结果。门槛变量的单一门槛检验和三重门槛检验的F统计量的P值没有通过显著性检验，双重门槛检验的F统计量P值通过显著性检验。所以应选择双重门槛模型检验OFDI逆向技术溢出对长江经济带绿色技术创新效率的门槛效应。

表5-17 环境规制为门槛值的门槛效应检验

模型	F值	P值	BS次数	1%	5%	10%
单一门槛	6.364	0.147	300	15.257	9.965	7.542
双重门槛	12.805***	0.010	300	12.495	6.835	4.770
三重门槛	6.327**	0.143	300	10.887	6.252	3.950

注：**和***分别表示在5%和1%的水平上显著。

2.结果分析

从表5-18可以看出以环境规制为门槛变量时，双重槛模型中，门槛值分别为0.000 9和0.001 4，OFDI对绿色技术创新效率的影响存在非线性的门槛效应。

第五章 长江经济带OFDI逆向技术溢出与绿色技术创新

随着门槛值的逐渐递增，长江经济带OFDI逆向技术溢出对绿色技术创新效率的影响系数依次为-0.2904、-0.3232和-0.2539，始终为负，但都通过了置信度为1%的显著性检验，且随着环境规制这一门槛变量取值区间由低到高的转变，长江经济带OFDI逆向技术溢出对绿色技术创新效率的负向影响呈现先增大后减少的非线性特征，可能的原因是长江经济带环境规制政策要求企业加强对资源的节约利用和循环利用，为了符合政府的要求，企业需要加大对资源节约和循环利用技术的投入，因此挤出了对企业的生产的研发的投入，随着环境规制强度的加大，企业环保技术日益增强，所以企业用于生产研发的投入逐渐增多，所以OEDI逆向技术溢出对绿色技术创新效率的负向作用先增大后减少。

表5-18 以环境规制为门槛变量时OFDI对技术创新效率的影响

ln GTFP	系数	标准误	t	P>|t|	95%置信区间	
ln RD	0.216 1	0.402 5	0.54	0.593	-0.583 2	1.015 4
ln TI	1.555 0	0.303 6	5.12	0.000	0.952 1	2.158 0
ln FI	-0.792 3	0.236 7	-3.35	0.001	-1.262 3	-0.322 3
ln PGDP	0.171 9	0.357 3	0.48	0.631	-0.537 6	0.881 5
ln OFDI_1	-0.290 4	0.091 6	-3.17	0.002	-0.472 4	-0.108 4
ln OFDI_2	-0.323 2	0.099 7	-3.24	0.002	-0.521 3	-0.125 2
ln OFDI_3	-0.253 9	0.099 8	-2.55	0.013	-0.452 1	-0.055 8
_cons	-5.955 5	4.574 9	-1.30	0.196	-15.041 7	3.130 6
门槛值1	0.000 9	门槛值2	0.001 4	—	—	—
95%置信区间	0.000，0.002	—	0.000，0.002	—	—	—

再结合长江经济带门槛区域内省的分布来看（表5-19），2011—2020年间，各区域环境规制大部分处于第一门槛区域内，特别是2019年和2020年，所

有区域均处于第一门槛区域内,而其他年份,仅有少部分区域,如云南大部分年份处于第三门槛之内,仅有少部分处于中间门槛区间。

表5-19 各门槛区间区域异质性

年份	$ER \leq 0.0009$	$0.0009 < ER \leq 0.0014$	$ER > 0.0014$
2011	安徽、重庆、湖北、湖南、江苏、江西、四川、浙江、上海、贵州	—	云南
2012	安徽、重庆、湖北、湖南、江苏、江西、四川、浙江、上海、贵州	—	云南
2013	重庆、上海、四川	湖北、湖南、江苏、江西	安徽、贵州、云南、浙江
2014	安徽、重庆、湖南、江苏、江西、上海、四川、	湖北	贵州、云南、浙江
2015	安徽、重庆、湖北、江苏、上海、四川、	贵州、湖南、江西、浙江	云南
2016	重庆、贵州、湖南、江西、四川、云南	湖北、江苏、浙江	安徽、上海
2017	重庆、贵州、湖北、湖南、江苏、江西、四川、云南、浙江	安徽	上海
2018	安徽、重庆、贵州、湖北、湖南、江苏、江西、上海、四川、浙江	云南	—
2019	安徽、重庆、湖北、湖南、江苏、江西、四川、浙江、上海、贵州、云南	—	—
2020	安徽、重庆、湖北、湖南、江苏、江西、四川、浙江、上海、贵州、云南	—	—

第五章　长江经济带OFDI逆向技术溢出与绿色技术创新

（六）以数字经济为门槛变量

1.门槛效应检验

表5-20表明了以数字经济（DE）为门槛变量时长江经济带OFDI逆向技术溢出对绿色技术创新效率的门槛效应检验结果。门槛变量的单一门槛检验的F统计量的P值1%的显著性水平上显著，而双重门槛检验和三重门槛检验的F统计量P值则没有通过显著性检验。所以应选择单一门槛模型检验OFDI逆向技术溢出对长江经济带绿色技术创新效率的门槛效应。

表5-20　数字经济为门槛值的门槛效应检验

模型	F值	P值	BS次数	1%	5%	10%
单一门槛	18.255**	0.047	300	30.818	16.257	9.129
双重门槛	4.610	0.117	300	12.622	6.674	4.956
三重门槛	3.034	0.237	300	16.422	8.092	5.448

注：**表示在5%的水平上显著。

2.结果分析

从表5-21可以看出以数字经济为门槛变量时，单一槛模型中门槛值为0.195，OFDI逆向技术溢出对长江经济带绿色技术创新效率的影响存在非线性的门槛效应。当$DE\leq0.195$时，长江经济带OFDI逆向技术溢出对绿色技术创新效率的回归系数是-0.352 9，且在1%的水平下显著，处于强负相关发展区段；而当$DE>0.195$时，回归系数是-0.266 2，且在1%的水平下显著，处于弱负相关发展区段。这说明随着门槛变量数字经济水平逐渐提升，长江经济带OFDI逆向技术溢出对绿色技术创新效率的影响出现由强负相关转向弱负相关的非线性特征，而随着数字经济发展水平的提升，企业研发能力会逐渐提升，对外直接投资对绿色技术创新的"挤出效应"会减弱。

表5-21　以数字经济为门槛变量时OFDI对技术创新效率的影响

lnGTFP	系数	标准误	t	P>|t|	95%置信区间	
lnRD	0.478 4	0.388 0	1.23	0.221	−0.292 2	1.248 9
lnER	0.001 6	0.058 7	0.03	0.979	−0.115 1	0.118 2
lnTI	1.148 0	0.299 8	3.83	0.000	0.552 5	1.743 6
lnFI	−0.950 0	0.223 9	−4.24	0.000	−1.394 8	−0.505 3
lnPGDP	0.621 7	0.335 6	1.85	0.067	−0.044 8	1.288 3
lnOFDI_1	−0.352 9	0.093 9	−3.76	0.000	−0.539 5	−0.166 3
lnOFDI_2	−0.266 2	0.093 3	−2.85	0.005	−0.451 4	−0.080 9
_cons	−10.705 3	4.141 3	−2.59	0.011	−18.930 3	−2.480 3
门槛值1	0.195					
95%置信区间	0.191, 0.209					

再结合长江经济带门槛区域内省的分布来看（表5-22），2011年，安徽、重庆、湖北、湖南、江苏、上海、四川、浙江区域均跨过了门槛值处于强负相关发展区段，只有贵州、江西、云南区域处于弱负相关发展区段。2013年以来，全部区域均跨过了门槛值处于弱负相关发展区段。

表5-22　各门槛区间区域异质性

年份	RD≤0.095	RD>0.095
2011	贵州、江西、云南	安徽、重庆、湖北、湖南、江苏、上海、四川、浙江
2012	贵州	安徽、重庆、湖北、湖南、江苏、上海、四川、浙江、江西、云南
2013—2020	—	安徽、重庆、湖北、湖南、江苏、上海、四川、浙江、江西、云南、贵州

（七）以经济发展水平为门槛变量

1.门槛效应检验

表5-23表明了以经济发展水平为门槛变量时长江经济带OFDI逆向技术溢出对绿色技术创新效率影响的门槛效应检验结果。门槛变量的单一门槛检验的F统计量在P值5%的显著性水平上显著，双重门槛检验的F统计量在P值10%的显著性水平上显著，三重门槛检验的F统计量P值则没有通过显著性检验。单一门槛检验比双重门槛检验的显著性要强，所以应选择单一门槛模型检验OFDI逆向技术溢出对长江经济带绿色技术创新效率的门槛效应。

表5-23　经济发展水平为门槛值的门槛效应检验

模型	F值	P值	BS次数	1%	5%	10%
单一门槛	10.310**	0.027	300	13.969	7.898	6.292
双重门槛	6.127*	0.077	300	15.269	7.977	5.407
三重门槛	2.742	0.213	300	15.408	6.823	4.760

2.结果分析

从表5-24可以看出以经济发展水平为门槛变量时，单一门槛模型中，门槛值为98 770，长江经济带OFDI逆向技术溢出对绿色技术创新效率的影响存在非线性的门槛效应。随着门槛值的逐渐增加，长江经济带OFDI逆向技术溢出对绿色技术创新效率的影响系数依次为-0.374 6和-0.502 5，始终为负，且随着门槛变量经济发展水平逐渐提高，长江经济带OFDI逆向技术溢出对绿色技术创新效率的负向影响呈现逐渐增大的非线性特征。可能的原因是有些区域为了追求经济增长，采取了降低环境规制强度、增加实物投资的方式，而这种方式阻碍了绿色技术创新效率的提升。

表5-24 以经济发展水平为门槛变量时OFDI对技术创新效率的影响

lnGTFP	系数	标准误	t	P>|t|	95%置信区间	
lnRD	0.485 4	0.401 7	1.210 0	0.230 0	−0.312 4	1.283 2
lnER	0.008 9	0.060 8	0.150 0	0.884 0	−0.111 8	0.129 6
lnTI	1.680 6	0.279 2	6.020 0	0.000 0	1.126 0	2.235 1
lnFI	−0.888 6	0.231 3	−3.840 0	0.000 0	−1.348 0	−0.429 1
lnPGDP	0.055 0	0.318 9	0.170 0	0.863 0	−0.578 4	0.688 4
lnOFDI_1	−0.374 6	0.099 4	−3.770 0	0.000 0	−0.571 9	−0.177 3
lnOFDI_2	−0.502 5	0.118 4	−4.240 0	0.000 0	−0.737 6	−0.267 3
_cons	−4.798 6	4.043 7	−1.190 0	0.238 0	−12.829 7	3.232 5
门槛值1	98 770					
95%置信区间	2.9e+04, 1.0e+05					

再结合长江经济带门槛区域内省的分布来看（表5-25），2011—2020年间，各区域经济发展水平大部分处于第一门槛区域内，特别是2011—2013年，所有区域均处于第一门槛区域内，而其他年份，仅有少部分区域，如上海、江苏、浙江，大部分年份处于第二门槛之内。

表5-25 各门槛区间区域异质性

年份	人均GDP≤98 770	人均GDP>98 770
2011	上海、江苏、浙江、安徽、江西、湖北、湖南、重庆、四川、贵州、云南	—
2012	上海、江苏、浙江、安徽、江西、湖北、湖南、重庆、四川、贵州、云南	—
2013	上海、江苏、浙江、安徽、江西、湖北、湖南、重庆、四川、贵州、云南	—
2014	江苏、浙江、安徽、江西、湖北、湖南、重庆、四川、贵州、云南	上海

续表

年份	人均GDP≤98 770	人均GDP>98 770
2015	江苏、浙江、安徽、江西、湖北、湖南、重庆、四川、贵州、云南	上海
2016	江苏、浙江、安徽、江西、湖北、湖南、重庆、四川、贵州、云南	上海
2017	浙江、安徽、江西、湖北、湖南、重庆、四川、贵州、云南	上海、江苏
2018	浙江、安徽、江西、湖北、湖南、重庆、四川、贵州、云南	上海、江苏
2019	安徽、江西、湖北、湖南、重庆、四川、贵州、云南	上海、江苏、浙江
2020	安徽、江西、湖北、湖南、重庆、四川、贵州、云南	上海、江苏、浙江

（八）以市场化进程为门槛变量

1.门槛效应检验

表5-26表明了以市场化进程为门槛变量时长江经济带OFDI逆向技术溢出对绿色技术创新效率的门槛效应检验结果。单一门槛检验P值仅通过了10%的显著性检验，而双重门槛检验的F统计量P值通过了1%的显著性检验，但三重门槛检验的F统计量的P值没有通过显著性检验。所以应选择双重门槛模型检验OFDI逆向技术溢出对长江经济带绿色技术创新效率的门槛效应。

表5-26 市场化进程为门槛值的门槛效应检验

模型	F值	P值	BS次数	1%	5%	10%
单一门槛	7.477*	0.010	300	16.885	10.237	7.499
双重门槛	17.095***	0.057	300	16.463	8.299	5.807
三重门槛	2.072	0.220	300	11.555	6.173	4.093

2.结果分析

从表5-27可以看出以市场化进程为门槛变量时，双重槛模型中门槛值分别为5.570和5.810，说明长江经济带OFDI逆向技术溢出对绿色技术创新效率的影响存在非线性的门槛效应。随着门槛值的逐渐增加，长江经济带OFDI逆向技术溢出对绿色技术创新效率的影响呈现系数依次为-0.4351、-0.3497和-0.2895，始终为负，且随着门槛变量市场化程度逐渐提高，长江经济带OFDI逆向技术溢出对绿色技术创新效率的负向影响呈现先增大后减少的非线性特征。说明市场化进程的加快有利于缓解OFDI对绿色技术创新的负向影响。

表5-27 市场化为门槛值的门槛效应检验

lnGTFP	系数	标准误	t	$P>\|t\|$	95%置信区间	
lnRD	0.3966	0.3781	1.05	0.297	-0.3544	1.1476
lnER	-0.0529	0.0584	-0.90	0.368	-0.1689	0.0632
lnTI	1.4552	0.2795	5.21	0.000	0.9000	2.0104
lnFI	-0.1525	0.2752	-0.55	0.581	-0.6992	0.3942
ln$PGDP$	0.1082	0.3024	0.36	0.721	-0.4925	0.7090
ln$OFDI\_1$	-0.4351	0.0958	-4.54	0.000	-0.6255	-0.2448
ln$OFDI\_2$	-0.3497	0.0960	-3.64	0.000	-0.5404	-0.1590
ln$OFDI\_3$	-0.2895	0.0913	-3.17	0.002	-0.4708	-0.1083
_cons	-3.7801	3.8473	-0.98	0.328	-11.4223	3.8621
门槛值1	5.570	5.810				
95%置信区间	5.500, 5.830	4.520, 9.980	—			

再结合长江经济带门槛区域内省的分布来看（表5-28），2011—2013年，贵州、湖北、湖南、江西、云南处于较强负相关区域，四川处于强负相关区域，安徽、重庆、江苏、上海、浙江处于弱负相关区域。2014年，贵州、湖

南、云南处于较强负相关区域，湖北、江西、四川处于强负相关区域，安徽、重庆、江苏、上海、浙江处于弱负相关区域。2015年，贵州、云南处于较强负相关区域，湖南、江西、四川处于强负相关区域，安徽、重庆、湖北、江苏、上海、浙江处于弱负相关区域。2016—2020年，贵州、云南处于较强负相关区域，安徽、重庆、湖北、湖南、江苏、江西、四川、上海、浙江处于弱负相关区域。

表5-28　各门槛区间区域异质性

年份	$MAR \leq 5.570$	$5.570 < MAR \leq 5.810$	$MAR > 5.810$
2011	贵州、湖北、湖南、江西、云南	四川	安徽、重庆、江苏、上海、浙江
2012	贵州、湖北、湖南、江西、云南	四川	安徽、重庆、江苏、上海、浙江
2013	贵州、湖北、湖南、江西、云南	四川	安徽、重庆、江苏、上海、浙江
2014	贵州、湖南、云南	湖北、江西、四川	安徽、重庆、江苏、上海、浙江
2015	贵州、云南	湖南、江西、四川	安徽、重庆、湖北、江苏、上海、浙江
2016	贵州、云南	—	安徽、重庆、湖北、湖南、江苏、江西、四川、上海、浙江
2017	贵州、云南	—	安徽、重庆、湖北、湖南、江苏、江西、四川、上海、浙江
2018	贵州、云南	—	安徽、重庆、湖北、湖南、江苏、江西、四川、上海、浙江
2019	贵州、云南	—	安徽、重庆、湖北、湖南、江苏、江西、四川、上海、浙江

续表

年份	$MAR \leq 5.570$	$5.570 < MAR \leq 5.810$	$MAR > 5.810$
2020	贵州、云南	—	安徽、重庆、湖北、湖南、江苏、江西、四川、上海、浙江

（九）以对外开放水平为门槛变量

1.门槛效应检验

表5-29表明了以对外开放为门槛变量时长江经济带OFDI逆向技术溢出对绿色技术创新效率的门槛效应检验结果。门槛变量的单一门槛检验的F统计量在P值5%的显著性水平上显著，双重门槛检验的F统计量在P值1%的显著性水平上显著，三重门槛检验的F统计量P值没有通过显著性检验。所以选择双重门槛模型检验OFDI逆向技术溢出对长江经济带绿色技术创新效率的门槛效应。

表5-29　对外开放（ed）为门槛变量的门槛效应检验

模型	F值	P值	BS次数	1%	5%	10%
单一门槛	9.296**	0.020	300	11.153	6.513	4.639
双重门槛	26.051***	0.007	300	25.176	13.540	9.806
三重门槛	0.018	0.943	300	14.246	10.024	8.182

注：**和***分别表示在5%和1%的水平上显著。

2.结果分析

从表5-30可以看出以对外开放为门槛变量时，双重槛模型中，两个门槛值分别为0.117和0.178，长江经济带OFDI逆向技术溢出对绿色技术创新效率的影响存在明显的非线性的门槛效应。当$ed \leq 0.117$时，长江经济带OFDI逆向技术溢出对绿色技术创新效率的影响系数是-0.8041，且在1%的水平下显著，处于较强负相关发展区段；当$0.117 < ed \leq 0.178$时，长江经济带OFDI逆向技术溢出对绿色技术创新效率的影响系数是-0.8894，且在1%的水平下显著，处于强负相

第五章 长江经济带 OFDI 逆向技术溢出与绿色技术创新

关发展区段；当 ed>0.178 时，OFDI 逆向技术溢出对长江经济带绿色技术创新效率的影响系数是 −0.3274，且在 1% 的水平下显著，处于弱负相关发展区段。这说明随着门槛变量对外开放水平提高，长江经济带 OFDI 逆向技术溢出对绿色技术创新效率的影响呈现先增大后减少的非线性特征，而随着对外开放水平的提高，对外直接投资对绿色技术创新效率的抑制作用会先增加后减少。可能的原因是 2018 年以来，部分西方发达国家通过提高准入门槛、从严从细审查、修改投资法案、附加额外条件、政府直接干预等方式，并购条例逐年严格，审核程序繁琐，加大对外投资难度，延缓了长江经济带绿色技术创新进程。而随着对外开放水平的提升，长江经济带在对外直接投资中，以技术获取为主要目的的投资项目逐渐增多，使得 OFDI 对绿色技术创新效率的抑制作用减少。

表5-30　以对外开放为门槛变量时 OFDI 对技术创新效率的影响

lnGTFP	系数	标准误	t	$P>\|t\|$	95%置信区间	
lnRD	0.505 2	0.374 5	1.35	0.181	−0.238 7	1.249 0
lnER	0.008 8	0.055 2	0.16	0.874	−0.100 9	0.118 5
lnTI	1.363 9	0.268 0	5.09	0.000	0.831 5	1.896 3
lnFI	−0.307 5	0.250 3	−1.23	0.223	−0.804 7	0.189 8
lnPGDP	0.551 8	0.308 0	1.79	0.077	−0.060 0	1.163 7
lnOFDI_1	0.804 1	0.138 9	−5.79	0.000	−1.080 0	−0.528 1
lnOFDI_2	−0.889 4	0.141 0	−6.31	0.000	−1.169 4	−0.609 4
lnOFDI_3	−0.327 4	0.088 3	−3.71	0.000	−0.502 8	−0.152 0
_cons	−9.831 3	3.846 3	−2.56	0.012	−17.471 5	−2.191 1
门槛值1	0.117	门槛值2	0.178	—	—	—
95%置信区间	0.062,1.090	—	0.178,0.178	—	—	—

再结合长江经济带门槛区域内省的分布来看（表5-31），在2011年，贵州、湖南处于较强负相关区域，安徽、湖北、江西、四川、云南处于强负相关区域，重庆、江苏、上海、浙江处于弱负相关区域。到了2020年，贵州、湖北、湖南、云南处于较强负相关区域，安徽、江西、四川处于强负相关区域，重庆、江苏、上海、浙江处于弱负相关区域。

表5-31 各门槛区间区域异质性

年份	$ed \leq 0.117$ （较强负相关）	$0.117 < ed \leq 0.178$ （强负相关）	$ed > 0.178$ （弱负相关）
2011	贵州、湖南	安徽、湖北、江西、四川、云南	重庆、江苏、上海、浙江
2012	贵州、湖北、湖南	安徽、江西、四川、云南	重庆、江苏、上海、浙江
2013	贵州、湖北、湖南	安徽、江西、四川、云南	重庆、江苏、上海、浙江
2014	贵州、湖北、湖南	安徽、江西、四川、云南	重庆、江苏、上海、浙江
2015	贵州、湖北、湖南、四川、云南	安徽、江西	重庆、江苏、上海、浙江
2016	贵州、湖北、湖南、上海、四川、云南	安徽、江西	重庆、江苏、浙江
2017	安徽、贵州、湖北、湖南、江西、上海、云南	四川	重庆、江苏、浙江
2018	贵州、湖北、湖南、上海、云南	安徽、江西、四川、	重庆、江苏、浙江
2019	贵州、湖北、湖南、云南	安徽、江西、四川	重庆、江苏、上海、浙江
2020	贵州、湖北、湖南、云南	安徽、江西、四川	重庆、江苏、上海、浙江

第三节 主要结论

本节利用2011—2020年长江经济带数据OFDI逆向技术溢出对绿色技术创新效率影响的动态效应、空间效应和门槛效应。主要结论如下：

一、基准回归结果显示

绿色技术创新存在较强的动态累积效应。长江经济带对外直接投资抑制了绿色技术创新效率的提升，从而忽略了动态性的OLS回归高估了OFDI对绿色技术创新的抑制作用。

二、空间杜宾回归结果显示

长江经济带对外直接投资不仅抑制本地区技术创新提升，还通过空间溢出效应十分明显地降低了相邻地区绿色技术创新效率，呈现"双抑制"的空间效应。首先空间自回归系数ρ值最大的是基于地理距离空间权重矩阵的空间溢出效应，其次是相邻空间，地理经济距离空间权重第三，最后是经济距离空间权重矩阵。

三、从空间溢出效应分解来看

长江经济带对外直接投资逆向技术溢出的首次、二次和总溢出效应均为负值，说明长江经济带的对外直接投资弱化了所在区域的绿色技术创新效率，其二次溢出也抑制了其他区域的绿色技术创新效率的提升。

四、其他

分别以环境规制、数字经济发展、经济发展水平、产业结构、市场化进程、对外开放水平、研发投入、人力资本、传统技术创新等因素为门槛变量，分析OFDI逆向技术溢出对绿色技术创新效率的非线性效应。主要结果显示：

（一）以国内研发投入为门槛变量时，为单一门槛

随着门槛变量国内研发投入逐渐上升，长江经济带OFDI逆向技术溢出对绿色技术创新效率的负向影响变小。

（二）以人力资本素质为门槛变量时，为单一门槛

随着人力资本素质的提高，长江经济带OFDI逆向技术溢出对绿色技术创新效率的负向影响变小。

（三）以产业结构为门槛变量时，为三重门槛

随着产业结构的优化，长江经济带OFDI逆向技术溢出对绿色技术创新效率的影响呈现先增大后减小的趋势，说明随着产业结构的优化，对外直接投资的绿色技术创新的"挤出效应"会减弱。

（四）以技术创新为门槛变量时，为单一门槛

随着技术创新这个门槛变量取值区间由低到高的转变，长江经济带OFDI逆向技术溢出对绿色技术创新效率的影响呈现由负转正相关的非线性特征。

（五）以环境规制为门槛变量时，为双重槛模型

随着环境规制这个门槛变量逐渐增大，长江经济带OFDI逆向技术溢出对绿色技术创新效率的负向影响呈现先增大后减小的非线性特征。

（六）以数字经济为门槛变量时，为单一槛模型

随着数字经济这个门槛变量取值区间由低到高的转变，长江经济带OFDI逆向技术溢出对绿色技术创新效率的影响呈现先增大后减小的趋势。

（七）以经济发展水平为门槛变量时，为单一门槛模型

随着门槛变量经济发展水平逐渐提高，长江经济带OFDI逆向技术溢出对绿色技术创新效率的负向影响呈现呈逐渐增大的非线性特征。

第五章　长江经济带OFDI逆向技术溢出与绿色技术创新

（八）以市场化为门槛变量时，为双重槛模型

随着市场化这个门槛变量逐渐变大，长江经济带OFDI逆向技术溢出对绿色技术创新效率的负向影响呈现先增大后减少的非线性特征。说明市场化进程的加快有利于缓解OFDI对绿色技术创新的负向影响。

（九）以对外开放为门槛变量时，为双重槛模型

随着对外开放这个门槛变量取值区间由低到高的转变，长江经济带OFDI逆向技术溢出对绿色技术创新效率的影响呈现先增大后降低的非线性特征。

第六章

长江经济带FDI技术溢出与绿色技术创新

2020年中国已超过美国，成为全球外国直接投资第一大目的地。而商务部于2021年初发布的数据中也提到，2020年我国新设立外国投资企业38570家，平均每天新设立100多家。不断缩小的外商投资准入负面清单与不断扩围的自贸试验区，表明了中国经济开放之门越来越大，跨国公司在中国的机遇也越来越多。本章将分析长江经济带FDI技术溢出对绿色技术创新效率的影响。

第一节 模型的构建

一、基准模型

首先以Coe and Helpman（1995）[1]提出的国际技术溢出模型为基础，构建FDI逆向技术溢出的计量模型：

$$\ln GTFP_{it} = \alpha_0 + \alpha_1 \ln FDI_{it} + \alpha_2 \ln RD_{it} + \alpha_3 \ln TI_{it} + \alpha_4 \ln ER_{it} + \alpha_5 \ln FI_{it} + \alpha_6 \ln PGDP_{it} + \epsilon_{it} \quad (6-1)$$

式中：GTFP为绿色技术创新效率；FDI、RD、TI、ER、FI、PGDP分别为外商直接投资、国内研发投入、产业结构、环境规制、金融业发展水平、经济发展水平；α_0代表截距项；ϵ_{it}代表随机误差；t代表时间项；α_1、α_2、α_3、α_4、α_5、α_6代表FDI、RD、TI、ER、FI、PGDP的弹性系数。

---

[1] DAVID T C, HELPMAN E. International R&D spillovers[J]. European Economic Review, 1995（5）：859–887

二、动态面板模型

为解决模型可能存在的内生性问题,保证模型估计结果的准确性,选择广义矩估计法进行估计。

$$\ln GTFP_{it} = \alpha_0 + L_1 \ln GTFP_{it-1} + \alpha_1 \ln FDI_{it} + \alpha_2 \ln RD_{it} + \alpha_3 \ln TI_{it} + \alpha_4 \ln ER_{it} + \alpha_5 \ln FI_{it} + \alpha_6 \ln PGDP_{it} + \epsilon_{it} \quad (6-2)$$

三、门槛模型

由于FDI技术溢出效应和吸收能力存在差异,采用Hansen(1999)[1]提出的面板门槛回归模型,分别将影响FDI技术溢出效果的因素(国内研发投入、产业结构以及环境规制)作为门槛变量,实证检验FDI技术溢出对中国绿色技术创新效率影响的门限特征。构建模型如下[2]:

$$\ln GTFP_{it} = \delta_0 + \delta_1 \ln FDI_{it} I(q_{it} \leq \theta) + \delta_2 \ln FDI_{it} I(q_{it} > \theta) + \delta_3 \ln RD_{it} + \delta_4 \ln TI_{it} + \delta_5 \ln FI_{it} + \delta_6 \ln ER_{it} + \delta_7 \ln PGDP_{it} + \epsilon_{it} \quad (6-3)$$

式中:q_{it}为门槛变量,反映各省(市)区域因素;θ为带估算的门槛值;$I(\cdot)$为指标函数。

---

[1] HANSEN B E. Threshold effects in non-dynamic panels: Estimation, testing, and inference[J]. Journal of econometrics, 1999, 93(2): 345-368.

[2] 以单一门槛模型为例,多门槛模型可以由此进行扩展得到。

第二节 实证分析

一、相关性和单位根检验

（一）相关性检验

通过表6-1可以看出，外商直接投资、国内研发投入、产业结构、环境规制、金融业发展、经济发展水平与长江经济带绿色技术创新效率之间的相关系数分别为0.1752、0.6910、0.3167、-0.1988、0.1081和0.6181，并均在1%的置信度水平上显著。因此可以初步断定，外商直接投资与绿色技术创新效率之间存在正相关关系，国内研发投入、产业结构第三产业占比、金融业发展、经济发展水平与绿色技术创新效率也存在一定的正相关关系，而环境规制与绿色技术创新效率则呈一定的负相关关系。同时，观察全部变量之间的相关系数绝对值大都在0.85以下。

（二）多重共线性VIF测算

进一步选择方差膨胀因子法考察被解释变量与各解释变量之间的多重共线性，计算得到平均的VIF为3.92（小于5），最大的VIF为7.5。一般认为，如果$0<VIF<10$，不存在多重共线性。因此本节接下来进行的回归将不考虑多重共线性的影响（见表6-2）。

（三）单位根检验

为了避免出现伪回归现象，在进行回归估计之前，先采用单位根检验数据是否平稳。本部分分别采用LIPS检验、LC检验、LM检验和FIshER-ADF检验等方法对面板数据进行单位根检验，检验结果见表6-3，模型中所涉及的变量均通过了四种检验，说明可以用这些变量进行面板回归分析。

表6-1 各变量之间相关性检验结果

变量	lnGTFP	lnFDI	lnRD	lnTI	lnER	lnFI	lnPGDP
lnGTFP	1	—	—	—	—	—	—
lnFDI	0.175 2***	1	—	—	—	—	—
lnRD	0.691 0***	0.148 5***	1	—	—	—	—
lnTI	0.316 7***	0.782 0***	0.400 4***	1	—	—	—
lnER	-0.198 8***	0.156 2***	-0.271 0***	-0.092 6***	1	—	—
lnFI	0.108 1***	0.570 3***	0.518 8***	0.775 1***	-0.046 8***	1	—
lnPGDP	0.618 1***	0.328 2***	0.826 3***	0.631 7***	-0.259 5***	0.662 5***	1

注：***和*分别表示通过1%和10%的显著性检验。

表6-2 多重共线性VIF测算

变量	VIF	1/VIF
lnPGDP	7.50	0.133 3
lnRD	5.65	0.176 9
lnTI	3.28	0.304 9
lnFI	3.05	0.327 4
lnFDI	2.91	0.343 5
lnER	1.14	0.881 0
Mean VIF: 3.92		

表6-3 单位根检验

变量	LLC	IPS	FIshER-ADF	LM	是否平稳
lnGTFP	−8.275 6***	−3.591 5***	48.559 0***	3.725 5***	是
lnFDI	−1.492 7**	−1.695 6*	48.093 3***	4.084 9***	是
lnRD	−3.427 7***	−2.928 3***	38.053 9***	3.580 2***	是
lnTI	−3.139 5***	−1.603 1***	50.314 7***	3.862 3***	是
lnER	−3.907 0***	−2.051 9***	40.650 3***	3.673 1***	是
lnFI	−3.194 9***	−8.466 5***	51.603 1***	4.119 2***	是
lnPGDP	−5.366 6***	−2.884 9***	43.474 4***	4.604 9***	是

注：***、**、*分别表示通过1%、5%、10%的显著性检验。

二、面板固定效应回归结果分析

为了分析长江经济带FDI对绿色技术创新效率的影响，本部分首先采用面板最小二乘法（OLS）的固定效应进行分析。从表6-1第2列固定效应的回归结果来看，FDI对绿色技术创新效率的影响回归系数为正数，没有通过显著性检验，但可以初步判定长江经济带FDI技术溢出促进了技术创新效率。从模型整体来看，只有金融业发展这一指标通过了显著性检验，所以这一结果值得再次认证。

为了增强分析的科学性，避免可能存在内生性问题，保证模型估计结果的准确性，因此选择广义矩估计法进行估计。

首先，对广义矩估计法（GMM）进行Sargan检验，结果显示没有拒绝原假设（见表6-4倒数第一行），说明模型不存在过度识别问题，工具变量选择有效。其次，进行随机扰动项自相关检验，结果显示模型随机扰动项存在一阶自相关、不存在二阶自相关（见表6-4倒数第二和第三行），即模型估计结果是有效的，接受模型原假设。最后，进行Wald检验，结果显示拒绝了解释变量系数为0的原假设（见表6-4倒数第三行），说明被估计模型整体上显著。

为了便于考察估计结果的稳定性和比较分析，本部分给出系统广义矩两步法和差分广义矩两步法的估计结果，结果显示，两种广义矩方法得出的结果中每个因子的回归系数正负号方向均一致，说明结果比较稳健。下面以系统广义矩估计结果为依据进行分析。

表6-4 FDI对绿色技术创新效率的影响分析

指标	固定效应	系统-GMM	差分-GMM
lnGTFP(−1)	—	0.278 6*** (3.73)	0.247 9*** (3.32)
lnFDI	0.025 0 (0.17)	0.158 2*** (2.37)	0.065 2 (0.81)
lnRD	0.348 8 (0.77)	0.758 9*** (3.87)	0.541 9** (1.96)
lnTI	1.440 6 (1.49)	0.259 5 (0.41)	1.502 9 (1.26)
lnIS	0.265 8 (0.15)	−0.360 6 (−0.33)	−0.904 0 (−1.27)
lnER	−0.079 5 (−1.30)	−0.013 0 (−0.42)	−0.012 6*** (−0.38)
lnFI	−1.037 2*** (−3.86)	−0.807 5*** (−4.20)	−0.761 5*** (−3.82)
lnPGDP	−0.401 4 (−1.40)	−0.479 3*** (−2.53)	−0.706 8*** (−3.38)

续表

指标	固定效应	系统-GMM	差分-GMM
常数项	0.684 6（0.19）	−6.764 4***（−3.19）	−8.311 9***（−3.49）
F检验	7.49[0.000 0]	—	—
Wald卡方值	—	689.24[0.000 0]	298.52[0.000 0]
AR（1）	—	−3.721 5[0.006 7]	−2.060 8[0.003 2]
AR（2）	—	0.426 02[0.498 2]	0.613 71[0.576 6]
Sagan检验	—	26.686 2 [1.000]	27.649 45[0.997 3]

（一）绿色技术创新具有累积循环效应

从表6-4第二行可知，在系统广义矩两步法和差分广义矩两步法的估计结果中，绿色技术创新效率滞后一期的回归系数分别为0.278 6和0.247 9，且在1%的置信度下显著为正，其中系统广义矩两步法的估计的回归系数为0.278 6，说明当前一期的绿色技术创新效率提升1%时，将会促进当期绿色技术创新效率提升0.278 6%，绿色技术创新具有累积循环效应。

（二）FDI技术溢出促进了绿色技术创新效率的提升

系统广义矩两步法和差分广义矩两步法的估计结果显示FDI的回归系数在1%的置信度下显著为正，其中系统广义矩两步法中FDI的回归系数为0.158 2，说明当FDI增加1%时，将会促进长江经济带绿色技术创新效率提升0.158 2%。一方面说明长江经济带的外资企业良好的福利待遇，吸引了很多中国员工，员工流动通过竞争效应、模仿效应和"干中学"获得绿色技术创新经验。另一方面，FDI的流入给长江经济带带来了先进的绿色技术和管理经验，促进产业向绿色化、低碳化转型，有利于提升长江经济带的绿色技术创新效率。

（三）国内研发投入的回归系数最大

说明国内研发投入是促进绿色技术创新效率提升的最重要的因素。系统广义矩两步法和差分广义矩两步法的估计结果中FDI的回归系数均为正，均在1%

第六章　长江经济带 FDI 技术溢出与绿色技术创新

的置信度下显著，且两种回归方法中国内研发投入的回归系数分别为 0.758 9 和 0.541 9，在各自的回归中均排名第一，说明国内研发资本投入是促进绿色技术创新的最重要的因素。

（四）控制变量中代表产业结构的两个变量

第三产业占比（TI）的回归系数为正，没有通过显著性检验，这在一定程度上说明第三产业占比越高，绿色技术创新的效率越高，这是符合现实情况的。而第二产业增加值与第三产业增加值的比值（IS）回归系数为负，而第二产业抑制了绿色技术创新效率。而随着经济的增长，长江经济带产业结构转型升级逐渐合理。但是相对而言，重工业占比仍然较高，特别是高能耗产业比重较高，这增加了碳排放，抑制了绿色技术创新效率的提升。

（五）环境规制（ER）抑制了绿色技术创新效率的提升

在固定效应、差分广义矩两步法和系统广义矩两步法的估计结果中环境规制的回归系数均为负，说明长江经济带环境规制抑制了绿色技术创新效率的提升。从理论上来讲，环境规制对绿色技术创新的影响可能是促进作用，也可能是抑制作用。但长江经济带环境规制的抑制效应大于促进作用，表现为抑制作用。

（六）金融业发展水平（FI）抑制了绿色技术创新效率的提升

在差分广义矩两步法和系统广义矩两步法的估计结果中金融业发展水平的回归系数均为负，在 1% 的置信度下显著。其中系统广义矩两步法金融业发展水平的回归系数为 –0.807 5，说明当金融业发展水平增加 1% 时，将会使绿色技术创新效率降低 –0.807 5%。

（七）经济发展抑制了绿色技术创新效率的提升

在差分广义矩两步法和系统广义矩两步法的估计结果中发现经济发展水平的回归系数均为负值，说明长江经济带经济发展水平抑制了绿色创新效率的提升。可能的原因是长江经济带为了追求经济增长，通过增加实物投资、降低环境规制强度而"挤出"了当地企业的绿色技术创新投入。

三、门槛效应

（一）以ln*RD*为门槛变量

1.门槛效应检验

表6-5表明了以国内研发投入为门槛变量时，FDI技术溢出对绿色技术创新效率影响的门槛效应检验结果。从检验结果看，各门槛变量的单一门槛检验的*F*统计量的*P*值通过了1%的显著性检验，双重门槛变量的*F*统计量的*P*值没有通过1%显著性检验，而三重门槛检验的*F*统计量的*P*值仅通过了10%的置信度检验，因此，应选择单一门槛模型进行门槛面板回归。

表6-5　国内研发投入为门槛变量的门槛效应检验

模型	*F*值	*P*值	BS次数	1%	5%	10%
单一门槛	32.843***	0.010	300	33.253	15.991	7.681
双重门槛	2.633	0.233	300	9.959	6.279	4.289
三重门槛	4.444*	0.070	300	8.198	5.520	3.785

2.结果分析

以国内研发投入（ln*RD*）为门槛变量时，单一门槛模型中，门槛值为-2.328 6（表6-6），存在明显的区域差异和门槛效应。当ln*RD*≤-2.328 6时，长江经济带FDI技术溢出对绿色技术创新效率的影响系数是-0.252 4，且在5%的水平下显著，处于负相关发展区段；当ln*RD*>-2.328 6时，FDI技术溢出对长江经济带绿色技术创新效率的影响系数是0.194 6，处于正相关发展区段。这说明随着门槛变量国内研发投入逐渐增加，长江经济带FDI技术溢出对绿色技术创新效率的影响呈现由负相关转向正相关的非线性特征，而随着国内研发投入的增加，FDI对绿色技术创新效率的影响由负转正。可能的原因是长江经济带的FDI位于全球产业链的末端，大多数是技术水平不高的劳动密集型产业，由于其与本土企业之间技术差距较小，本地企业难以获得技术溢出。所以在初始阶段，FDI对绿色技术创新效率的影响表现为抑制，而随着国内研发资本投入的增多，我国技术溢出的能力达到一定门槛后，FDI将会促进绿色技术创新效率的提升。

表6-6 国内研发投入为门槛变量时FDI对绿色技术创新的影响

变量	系数	标准误	t	P>|t|	95%置信区间	
$\ln FDI\_1$	−0.252 4	0.134 2	−1.88	0.063	−0.518 8	0.014 1
$\ln FDI\_2$	0.194 6	0.121 9	1.60	0.114	−0.047 6	0.436 8
$\ln TI$	0.583 7	0.866 0	0.67	0.502	−1.136 2	2.303 6
$\ln IS$	1.371 0	1.533 4	0.89	0.374	−1.674 4	4.416 5
$\ln ER$	−0.052 9	0.053 2	−0.99	0.323	−0.158 6	0.052 9
$\ln FI$	−0.747 3	0.237 5	−3.15	0.002	−1.219 0	−0.275 6
$\ln PGDP$	−0.144 6	0.222 8	−0.65	0.518	−0.587 0	0.297 8
_cons	−0.686 4	2.536 8	−0.27	0.787	−5.724 7	4.352 0
门槛值	−2.328 6					
95%置信区间	[−2.450，−2.268]					

再结合长江经济带门槛区域内省的分布来看（表6-7），2011—2014年，贵州、江西、云南区域均处负相关区域，安徽、重庆、湖北、湖南、江苏、上海、四川、浙江区域处于正相关区域。2015—2019年，贵州、云南区域均处负相关区域，安徽、重庆、湖北、湖南、江苏、江西、上海、四川、浙江区域处于正相关区域。2020年，仅贵州处于负相关区域，其他区域均处于正相关区域。

表6-7 各门槛区间区域异质性

年份	$\ln RD \leqslant -2.3286$	$\ln RD > -2.3286$
2011	贵州、江西、云南	安徽、重庆、湖北、湖南、江苏、上海、四川、浙江

续表

年份	ln*RD*≤-2.328 6	ln*RD*>-2.328 6
2012	贵州、江西、云南	安徽、重庆、湖北、湖南、江苏、上海、四川、浙江
2013	贵州、江西、云南	安徽、重庆、湖北、湖南、江苏、上海、四川、浙江
2014	贵州、江西、云南	安徽、重庆、湖北、湖南、江苏、上海、四川、浙江
2015	贵州、云南	安徽、重庆、湖北、湖南、江苏、江西、上海、四川、浙江
2016	贵州、云南	安徽、重庆、湖北、湖南、江苏、江西、上海、四川、浙江
2017	贵州、云南	安徽、重庆、湖北、湖南、江苏、江西、上海、四川、浙江
2018	贵州、云南	安徽、重庆、湖北、湖南、江苏、江西、上海、四川、浙江
2019	贵州、云南	安徽、重庆、湖北、湖南、江苏、江西、上海、四川、浙江
2020	贵州	安徽、重庆、湖北、湖南、江苏、江西、上海、四川、云南、浙江

（二）以产业结构（ln*TI*）为门槛变量

表6-8表明了以产业结构为门槛变量时FDI技术溢出对绿色技术创新效率影响的门槛效应检验结果。从检验结果看，各门槛变量的单一门槛检验的F统计量的P值均通过了10%的显著性检验，而双重门槛变量和三重门槛的F统计量的P值则没有通过显著性检验，因此应选择单一门槛模型进行门槛面板回归。

表6-8 产业结构为门槛变量的门槛效应检验

模型	F值	P值	BS次数	1%	5%	10%
单一门槛	10.641*	0.083	300	24.348	14.306	8.838

续表

模型	F值	P值	BS次数	1%	5%	10%
双重门槛	6.532	0.120	300	19.490	11.190	7.877
三重门槛	1.397	0.317	300	10.569	6.409	3.997

以产业结构（$\ln TI$）为门槛变量时，单一门槛模型中，门槛值为-0.3553（表6-9），存在明显的非线性的门槛效应。当$\ln TI \leq -0.3553$时，长江经济带FDI技术溢出对绿色技术创新效率的影响系数是-0.1276，处于负相关发展区段；当$\ln TI > -0.3553$时，FDI技术溢出对长江经济带绿色技术创新效率的影响系数是0.1946，处于正相关发展区段。这而随着门槛变量产业结构的值逐渐上升，长江经济带FDI技术溢出对绿色技术创新效率影响出现由负相关转向正相关的非线性特征，而随着产业结构的升级，FDI对绿色技术创新的影响由负转正，所以产业结构的升级有助于FDI技术溢出促进绿色技术创新。

表6-9 产业结构为门槛变量时FDI对绿色技术创新的影响

lnGTFP	系数	标准误	t	P>|t|	95%置信区间	
$\ln FDI\_1$	-0.1276	0.1515	-0.84	0.402	-0.4284	0.1732
$nFDI\_2$	0.0672	0.1419	0.47	0.637	-0.2147	0.3491
$\ln RD$	0.3286	0.4399	0.75	0.457	-0.5451	1.2022
$\ln IS$	3.5118	0.6312	5.56	0.000	2.2581	4.7655
$\ln ER$	-0.0581	0.0587	-0.99	0.325	-0.1747	0.0585
$\ln FI$	-1.0732	0.2527	-4.25	0.000	-1.5751	-0.5713
$\ln PGDP$	-0.4321	0.2659	-1.63	0.108	-0.9602	0.0959
_cons	3.6464	3.5825	1.02	0.311	-3.4687	10.7615
门槛值	-0.3553						
95%置信区间	[-0.384，-0.252]						

再结合长江经济带门槛区域内省的分布来看（表6-10），2011年，安徽、重庆、江西、四川处于负相关发展区段，贵州、湖北、湖南、江苏、上海、云南、浙江处于正相关发展区段；2012—2013年，安徽、江西、四川处于负相关发展区段，重庆、贵州、湖北、湖南、江苏、上海、云南、浙江处于正相关发展区段；2015—2020年，所有区域均处于正相关发展区段。

表6-10 各门槛区间区域异质性

年份	lnTI≤-0.355 3	lnTI>-0.355 3
2011	安徽、重庆、江西、四川	贵州、湖北、湖南、江苏、上海、云南、浙江
2012	安徽、江西、四川	重庆、贵州、湖北、湖南、江苏、上海、云南、浙江
2013	安徽、江西、四川	重庆、贵州、湖北、湖南、江苏、上海、云南、浙江
2014	安徽	重庆、贵州、湖北、湖南、江苏、江西、上海、四川、云南、浙江
2015	—	安徽、重庆、贵州、湖北、湖南、江苏、江西、上海、四川、云南、浙江
2016	—	安徽、重庆、贵州、湖北、湖南、江苏、江西、上海、四川、云南、浙江
2017	—	安徽、重庆、贵州、湖北、湖南、江苏、江西、上海、四川、云南、浙江
2018	—	安徽、重庆、贵州、湖北、湖南、江苏、江西、上海、四川、云南、浙江
2019	—	安徽、重庆、贵州、湖北、湖南、江苏、江西、上海、四川、云南、浙江
2020	—	安徽、重庆、贵州、湖北、湖南、江苏、江西、上海、四川、云南、浙江

（三）以环境规制（lnER）为门槛变量

表6-11表明了以环境规制为门槛变量时FDI技术溢出对绿色技术创新效率影响的门槛效应检验结果。从检验结果看，单一门槛检验的F统计量的P值没有通过显著性检验，双重门槛的F统计量的P值通过了5%的显著性检验，而三重门槛检验的F统计量的P值仅通过了10%的置信度检验。因此，应选择双重门槛模型进行门槛面板回归。

表6-11 环境规制为门槛变量的门槛效应检验

模型	F值	P值	BS次数	1%	5%	10%
单一门槛	1.119	0.320	300	7.232	4.482	3.495
双重门槛	7.115**	0.043	300	11.977	6.638	4.711
三重门槛	7.768*	0.070	300	17.277	9.367	7.007

从表6-12可以看出以环境规制（lnER）为门槛变量时，为双重门槛模型，门槛值分别为-7.777和-7.512，说明长江经济带FDI技术溢出对绿色技术创新效率存在明显的非线性的门槛效应。当lnER≤-7.777时，长江经济带FDI技术溢出对绿色技术创新效率影响的回归系数是0.034 4，处于正相关发展区段；当-7.777<lnER≤-7.512时，回归系数是-0.122 7，处于负相关发展区段；当lnER>-7.512时，回归系数是0.008 7，处于弱正相关发展区段。这说明随着门槛变量环境规制的强度加大，长江经济带FDI技术溢出对绿色技术创新效率的影响呈现由正相关转向负相关再转向正相关的非线性特征。可能的原因是在环境规制初期，企业更多的投入在环保技术方面，对生产方面的投入相对减少，而FDI技术溢出吸收主要在生产技术方面，所以对绿色技术创新的影响为负，随着环境规制强度提升，企业环保技术提升，从而促进了绿色技术创新。

表6-12 环境规制为门槛变量时FDI对绿色技术创新效率的影响

lnGTFP	系数	标准误	t	P>|t|	95%置信区间	
lnFDI_1	0.034 4	0.151 9	0.23	0.821	−0.267 3	0.336 2
lnFDI_2	−0.122 7	0.157 0	−0.78	0.436	−0.434 5	0.189 1
lnFDI_3	0.008 7	0.143 1	0.06	0.951	−0.275 5	0.293 0
lnRD	0.551 4	0.439 4	1.25	0.213	−0.321 4	1.424 2
lnTI	1.206 2	0.942 6	1.28	0.204	−0.666 1	3.078 4
lnFI	−1.120 1	0.25 77	−4.35	0.000	−1.632 1	−0.608 1
ln$PGDP$	−0.434 9	0.277 8	−1.57	0.121	−0.986 6	0.116 9
_cons	2.228 8	3.531 8	0.63	0.530	−4.786 7	9.244 3
门槛值1	−7.777	95%置信区间			[−8.138，	−6.224]
门槛值2	−7.512	95%置信区间			[−8.138，	−6.224]

再结合长江经济带门槛区域内省的分布来看（表6-13），2011—2020年间，各区域环境规制大部分处于第一门槛区域和第三门槛区域内，处于正相关发展区域，特别是2014年和2015年，所有区域均处于第一、三门槛区域内，而其他年份，仅有少部分区域，如贵州、云南区域大部分年份处于第二门槛之内，处于负相关发展区域。

表6-13 各门槛区间区域异质性

年份	lnER≤ −7.777	−7.777<lnER≤ −7.512	lnER> −7.512
2011	安徽、江苏、四川、浙江	上海、江西	重庆、贵州、湖北、湖南、云南
2012	湖北、上海	安徽、湖南、江西、浙江	重庆、贵州、江苏、四川、云南
2013	重庆、江西、四川、	上海	安徽、贵州、湖北、湖南、江苏、云南、浙江

续表

年份	lnER≤-7.777	-7.777<lnER≤-7.512	lnER>-7.512
2014	上海		安徽、重庆、贵州、湖北、湖南、江苏、江西、四川、云南、浙江
2015	重庆		安徽、贵州、湖北、湖南、江苏、江西、上海、四川、云南、浙江
2016	重庆、四川	湖北	安徽、贵州、湖南、江苏、江西、上海、云南、浙江
2017	重庆、湖南、四川	贵州、江西	安徽、湖北、江苏、上海、云南、浙江
2018	重庆、贵州、湖南、四川、云南	湖北、江苏、江西	安徽、上海、浙江
2019	重庆、湖北、湖南、四川	贵州、云南、浙江	安徽、江苏、江西、上海
2020	重庆、湖南、江西、上海	湖北、江苏、四川	安徽、贵州、云南、浙江

第三节　主要结论

本章在分析长江经济带FDI对绿色技术创新效率机制的基础上，以Coe and Helpman（1995）提出的国际技术溢出模型为基础，构建了FDI对绿色技术创新效率影响的基准模型、动态面板模型和门槛效应模型，分析了FDI对绿色技术创新效率影响的动态效应、门槛效应以及区域异质性。主要得出了以下结论：

第一，长江经济带绿色技术创新具有累积循环效应，前一期绿色技术创新发展有助于推动当期绿色技术创新效率的提升。

第二，FDI技术溢出对绿色技术创新效率的影响表现为促进作用，FDI技术溢出是长江经济带绿色技术效率提升的重要渠道。

第三，国内研发投入对绿色技术创新效率的促进作用排名第一。控制变量中代表产业结构的两个变量，第三产业占比越高，绿色技术创新的效率就越高，第二产业抑制了绿色技术创新效率。环境规制（ER）抑制了绿色技术创新效率的提升，金融业发展水平（FI）抑制了绿色技术创新效率的提升，当金融业发展水平增长1%时，将会抑制绿色技术创新效率降低−0.8075%。经济发展抑制了绿色技术创新效率的提升。

第四，门槛效应显示，当分别以国内研发投入、产业结构、环境规制为门槛变量时，长江经济带FDI对绿色技术创新效率的影响呈现非线性效应。当以国内研发投入和产业结构为门槛变量时，随着门槛值的上升，FDI对绿色技术创新效率的影响由负转正；当以环境规制为门槛变量时，FDI对绿色技术创新效率的影响呈现由正转负再转正的非线性特征，且各个区域呈现不同的特征。

第七章

长江经济带对外开放、绿色技术创新与产业转型

促进创新驱动与产业转型的深度融合,是实现促进经济带经济高质量发展的必经之路。近年来,随着对外开放水平的不断提高,我国科学资本对外开放水平和贸易对外开放水平日益提高,资本对外开放和贸易对外开放带来的技术溢出效应在一定程度上促进了我国科学技术进步,并影响我国产业转型升级。如何进一步发展高端产业,进一步突出资本对外开放、贸易对外开放和绿色技术创新对产业结构优化的作用,形成体系完善的高端现代化产业迭代体系,是当前值得关注的问题。本部分在前文研究的基础上采用SYS-GMM和门槛面板模型,分析对外开放视角下长江经济带绿色技术创新对产业转型的影响。

第一节 模型构建

一、模型设定

为了验证绿色技术创新、对外开放、产业结构三者之间的关系,将产业结构优化分为产业结构非农化和产业结构高级化两个指标作为被解释变量,本书利用规模不变的柯布—道格拉斯生产函数(C-D生产函数)为基础,从要素投入视角来解释绿色技术创新对产业结构非农化和产业结构高级化的影响,除考虑资本对外开放和贸易对外开放外,还要考虑创新活动的固定资产投入、人力资本投入、经济发展、要素禀赋结构等作为控制变量纳入分析范畴。为此,本研究选取绿色技术创新、资本对外开放、贸易对外开放、人力资本水平、要素

第七章 长江经济带对外开放、绿色技术创新与产业转型

禀赋结构、固定资产投资和经济发展水平7个因素对产业结构非农化和产业结构高级化的影响进行实证研究。

为了分别研究绿色技术创新、对外开放对产业结构非农化和高级化的影响,设计式(7-1)和式(7-2)。

$$\ln AIS_{it} = \alpha_0 \ln GTFP_{it} + \alpha_1 \ln FDI_{it} + \alpha_2 \ln TRS_{it} + \alpha_3 \ln INV_{it} + \alpha_4 \ln HR_{it} + \alpha_5 \ln KS_{it} + \alpha_6 \ln PGDP_{it} + \epsilon_{it} \quad (7-1)$$

$$\ln UIS_{it} = \alpha_0 \ln PAT_{it} + \alpha_1 \ln FDI_{it} + \alpha_2 \ln TRS_{it} + \alpha_3 \ln INV_{it} + \alpha_4 \ln HR_{it} + \alpha_5 \ln KS_{it} + \alpha_6 \ln PGDP_{it} + \epsilon_{it} \quad (7-2)$$

考虑长江经济带各区域发展不均衡,存在空间异质性,绿色技术创新能力存在差异,采用Hansen(1999)提出的面板门槛回归模型,分别将资本对外开放、贸易对外开放作为门槛变量,分别检验绿色技术创新对产业结构非农化和高级化影响的非线性特征。构建模型如下❶:

以资本对外开放为门槛变量:

$$\ln AIS_{it} = \beta_0 + \beta_1 \ln TRS_{it} + \beta_2 \ln INV_{it} + \beta_3 \ln HR_{it} + \beta_4 \ln KS_{it} + \beta_5 \ln PGDP_{it} + \beta_6 \ln GTFP_{it} I(q_{it} \ll \theta) + \beta_7 \ln GTFP_{it} I(q_{it} > \theta) + \epsilon_{it} \quad (7-3)$$

$$\ln UIS_{it} = \beta_0 + \beta_1 \ln TRS_{it} + \beta_2 \ln INV_{it} + \beta_3 \ln HR_{it} + \beta_4 \ln KS_{it} + \beta_5 \ln PGDP_{it} + \beta_6 \ln GTFP_{it} I(q_{it} \ll \theta) + \beta_7 \ln GTFP_{it} I(q_{it} > \theta) + \epsilon_{it} \quad (7-4)$$

以贸易对外开放为门槛变量:

$$\ln AIS_{it} = \beta_0 + \beta_1 \ln FDI_{it} + \beta_2 \ln INV_{it} + \beta_3 \ln HR_{it} + \beta_4 \ln KS_{it} + \beta_5 \ln PGDP_{it} + \beta_6 \ln GTFP_{it} I(q_{it} \ll \theta) + \beta_7 \ln GTFP_{it} I(q_{it} > \theta) + \epsilon_{it} \quad (7-5)$$

$$\ln UIS_{it} = \beta_0 + \beta_1 \ln FDI_{it} + \beta_2 \ln INV_{it} + \beta_3 \ln HR_{it} + \beta_4 \ln KS_{it} + \beta_5 \ln PGDP_{it} + \beta_6 \ln GTFP_{it} I(q_{it} \ll \theta) + \beta_7 \ln GTFP_{it} I(q_{it} > \theta) + \epsilon_{it} \quad (7-6)$$

为了保证实证结果的稳定性,各变量均取对数,各式中lnAIS为产业结构非农化水平、lnUIS为产业结构高级化水平、lnTFP为绿色技术创新、lnFDI为资

---

❶ 以单一门槛模型为例,多门槛模型可以由此进行扩展得到。

本对外开放、lnTRS为贸易对外开放、lnHR为人力资本水平、lnKS为要素禀赋结构、lnINV为固定资产投资、ln$PGDP$为经济发展水平。q_{it}为门槛变量，反映各省（市）区域因素，θ为带估算的门槛值，$I(\cdot)$为指标函数。

二、变量选取及数据来源

产业结构优化是一个持续和动态的过程，主要通过产业调整，第一、二、三产业逐渐协调，从而促进经济可持续发展。本文借鉴贾仓仓、陈绍友（2018）的方法采用产业结构非农化和产业高级化两个维度来测度产业结构变迁。

（一）被解释变量

产业结构非农化水平（lnAIS）。配第–克拉克定理认为产业结构非农化是指一个经济体发展过程中工业化发展程度，用第二、三产业与第一产业的比值表示，这一指标主要反映经济结构是否在向工业化方向发展。如果非农化水平在增加，说明该经济体在向非农化方向前进。

产业结构高级化水平（lnUIS）。产业结构高级化水平即指产业结构升级的程度，吴敬琏（2006）[1]认为，第二产业的增长率要低于第三产业的增长率是产业结构向服务化升级的一个重要特征。本文将产业结构高级化定义为第三产业产值与第二产业产值之比。

（二）解释变量

具体而言，包括以下几点：

1.绿色技术创新（ln$GTFP$）

2.资本对外开放（lnFDI）

外商直接投资（FDIS）用各地区外商直接投资占GDP的比值表示。

---

[1] 吴敬琏.中国增长模式抉择[M].上海：上海远东出版社，2006.

3.贸易对外开放（lnTRS）

对外贸易（TRS）用各地区的进出口贸易总额占GDP的比值表示。

（三）控制变量

具体而言，包括以下几点：

1.人力资本水平（lnHR）

用各地区大专以上人数占总人口的比值表示。

2.要素禀赋结构（lnKS）

指区域内生产要素结构，本文用固定资产投资除以就业总人数计算而得，其中固定资产投资借鉴张军等（2004）的永续盘存法计算存量。

3.固定资产投资（lnINV）

地区固定资产投资完成额与GDP比值。

4.经济发展水平（ln$PGDP$）

经济发展水平用历年人均GDP表示。

绿色技术创新水平各指标来源于各年《中国科技统计年鉴》，其他数据均来源于历年《中国统计年鉴》，由于西藏相关数据缺失严重，本文研究样本选取长江经济带九省二市的2005—2017年的面板数据。

第二节 实证结果及分析

一、动态效应估计

因为OLS模型可能存在无法克服的内生性问题，所以本文除了利用OLS模型来估计绿色技术创新和产业结构优化之间的关系，还选择了系统GMM（SYS-GMM）估计法进行检验，因为SYS-GMM方法能克服解释变量可能存在的内生性问题。在利用SYS-GMM进行实证分析时,需要进行Sargan检验来验证工具变量的有效性。Sargan检验显示(表7-1中的倒数第2行)模型不存在过度识别问题,工具变量选择均有效。同时,随机扰动项自相关检验结果显示,存在一阶自相关,并不存在二阶自相关,模型估计结果有效。OLS模型和SYS-GMM估计各解释变量的系数正负方向一致,说明模型稳定性较好。

表7-1　绿色技术创新、对外开放对产业结构优化影响的固定效应和动态面板估计

指标	被解释变量:产业结构非农化(AIS) 固定效应	被解释变量:产业结构非农化(AIS) 动态面板效应	被解释变量:产业结构高级化(UIS) 固定效应	被解释变量:产业结构高级化(UIS) 动态面板效应
lnAIS(-1)/lnUIS(-1)	—	0.068 2*** (20.39)	—	0.268 0*** (21.28)
ln$GTFP$	0.106 1*** (3.43)	0.203 0*** (15.55)	0.206 8*** (4.81)	0.287 9*** (11.30)
lnFDI	0.045 57*** (1.90)	0.076 0*** (5.43)	-0.100 4*** (-3.01)	-0.132 1*** (-5.01)
lnTRS	-0.014 1 (-0.51)	-0.024*** (-5.45)	-0.122 0*** (-3.19)	-0.054 8*** (-4.20)
lnHR人力资本	0.107 0*** (2.21)	0.070 8*** (7.36)	0.219 0*** (3.25)	0.142 9*** (6.44)
lnINV固定资产投资	-1.064 4*** (-2.00)	0.103 4 (0.48)	-1.562 4*** (-2.11)	-0.085 3 (-0.11)
lnKS要素禀赋结构	1.162 6*** (2.18)	-0.061 4 (-0.28)	1.691 8*** (2.28)	0.164 9 (0.21)
ln$PGDP$经济发展	-1.350 6*** (-2.64)	-0.221 2 (-1.07)	-2.086 2*** (-2.92)	-0.591 7 (-0.79)
常数项	11.870 2*** (2.53)	1.616 4 (0.86)	19.712 0*** (3.02)	6.027 2 (0.89)
面板设定的F检验	22.58 [0.000 0]	—	32.11 [0.000 0]	—

续表

指标	被解释变量：产业结构非农化（AIS）		被解释变量：产业结构高级化（UIS）	
	固定效应	动态面板效应	固定效应	动态面板效应
Breusch–Pagan LM 检验	456.90 [0.000 0]	—	421.30 [0.000 0]	—
Hauaman 检验	12.68 [0.105 6]	—	12.68 [0.105 6]	—
Wald卡方值	—	3 927.58 [0.000 0]	—	5 366.24 [0.000 0]
AR（1）	—	−0.977 04 [0.011 5]	—	−0.896 3 [0.011 5]
AR（2）	—	1.081 3 [0.279 5]	—	1.057 4 [0.365 4]
Sargan检验	—	25.841 19 [1.000 0]	—	29.456 9 [1.000 0]
样本容量	143	143	143	143
估计方法	re	sys-GMM	re	sys-GMM

注：***、**、*分别表示在1%、5%、10%的水平上显著，括号内为t值，[ ]括号内为对应统计量的P值。

（一）产业结构变迁具有惯性驱动效应

SYS-GMM估计结果显示（表7-1第3列和第5列），滞后一期的产业结构非农化与产业结构高级化对当期的影响系数分别为0.068 2和0.268 0，说明在1%显著水平下，滞后一期的产业结构对后期产生动态影响，是一种良性循环。

（二）绿色技术创新对产业结构的变迁有驱动效应

在1%显著水平下，绿色技术创新对产业结构非农化和高级化的影响系数分别为0.203 0和0.287 9，由此看出绿色技术创新水平提高1%，产业结构非农化和高级化分别提高0.203 0%和0.287 9%,说明随着绿色技术创新水平(特别是自主创新能力的提高)的不断提高,各区域产业结构非农化程度和高级化水平也在不断提高,绿色技术创新作为经济发展的核心动力,不仅能够提高全要素生产率,还能够促进传统产业向工业化、高级化、新型化方向转型。

(三)资本对外开放促进产业结构向非农化、合理化方向发展,而抑制产业结构向高级化方向提升

在1%显著水平下,资本对外开放水平提高1%,使产业结构非农化水平提升0.076 0%,而使高级化水平下降0.132 1%,即技术引进提升了长江经济带大部分区域中低端产业生产环境的技术水平,而抑制了产业结构高级化水平。出现这种情况可能的原因是长江经济带长期以来坚持的"以市场换技术"的策略,外商直接投资不仅引进了大量的管理经验、先进机器设备和相关技术推动了产业的扩张,还促进了产业内部结构的改善,对产业结构优化起着催化作用。

另外,随着越来越多的跨国企业进入长江经济带,本土企业之间竞争加剧,而跨国企业以先进的技术和雄厚的资金实力吸引了更多的人才进入,本土企业的生存压力加大,因而通过调整资源配置,加大研发资本投入来提升绿色技术创新水平,从而使产业结构向非农化、合理化方向发展。而由于长江经济带吸引的外商直接投资集中于劳动密集型产业,高端核心技术、产品关键技术环节等技术很少,资本对外开放不能提升长江经济带产业关键、核心、先进的高端技术,高技术产业生产率提升速度要比中低端产业慢,所以高技术产业核心技术很难通过外商直接投资获得,而高技术产业决定着产业高级化发展方向,所以资本对外开放抑制产业结构向高级化发展方向提升。

(四)贸易对外开放对产业结构优化的两个方向均产生了阻碍作用

数据显示,在1%显著性水平下,贸易全球化水平提高1%,而产业结构非农化水平和高级化水平分别下降0.014 1%和0.122 0%。可能的原因是长江经济带在对外开放出口产品以位于产业链低端的低技术含量产品为主,这些产品对绿色技术创新能力提升有限,而在现有市场背景下,企业缺乏绿色技术创新的内生动力,导致企业陷入低端锁定效应和对国外市场的依赖性,抑制了产业结构优化。而长江经济带贸易进口产品尽管位于产业链高端,但由于进口产品竞争迅速占领国内市场,从而导致本土企业预期收益降低,企业创新动力减弱,产业始终位于"微笑曲线"的低端,难以延伸高端价值链。

(五)控制变量

人力资本对产业结构优化的两个方向均有提升作用。大专学历以上人数占比没提高1%,产业结构非农化水平和高级化水平分别提高0.070 8%和0.142 9%。这与现实和理论均相符,高质量人力资本是绿色技术创新与经济增长的源泉,是构成地区技术能力的核心,由此可以进一步推动区域产业结构升级。要素禀赋结构、固定资产投资、经济发展水平对产业结构的影响均没有通过显著性检验。

二、门槛效应检验

为了进一步验证绿色技术创新、产业结构的非线性效应,分别以资本对外开放、贸易对外开放为门槛变量进行门槛模型的检验。

(一)门槛效应检验

表7-2分别报告了以资本对外开放、贸易对外开放为门槛变量时绿色技术创新对产业结构影响的门槛效应检验结果,以贸易开放水平为门槛变量时,应选择双重门槛,以资本对外开放为门槛变量时,应选择单一门槛。在此基础上进一步考察当以资本对外开放和贸易对外开放为门槛变量时绿色技术创新对长江经济带产业结构的非农化和高级化的影响。

表7-2 门槛效应检验

门槛检验统计值	被解释变量：产业结构非农化（AIS）				被解释变量：产业结构高级化（UIS）			
	以资本对外开放为门槛变量		以贸易对外开放为门槛变量		以资本对外开放为门槛变量		以贸易对外开放为门槛变量	
	单一门槛	双重门槛	单一门槛	双重门槛	单一门槛	双重门槛	单一门槛	双重门槛
F值	8.114	4.625	7.387	13.204	19.627	6.766	23.086	17.689
P值	0.050	0.180	0.033	0.000	0.033	0.117	0.033	0.010
10%临界值	7.072	-1.978	8.863	5.877	10.710	-1.759	8.942	7.409
5%临界值	8.196	0.913	14.591	7.390	14.321	2.757	16.094	16.382
1%临界值	26.207	1.632	27.998	8.670	30.291	9.837	32.516	31.454

（二）门槛模型结果分析

在估算门槛值时，为了防止可能出现的异方差，选择稳健标准差进行回归估计。结果显示（表7-3），当门槛变量资本对外开放和贸易对外开放处于不同区间时，绿色技术创新对产业结构的影响系数发生了明显变化。这说明资本对外开放、贸易对外开放的门槛效应明显存在于绿色技术创新与产业结构非农化与高级化的关系中，与不考虑门槛效应相比，绿色技术创新对产业结构非农化与高级化的影响发生了较大变化。具体主要体现以下几点：

1.门槛模型稳定性较强

四个门槛回归结果显示，在动态模型中没有通过显著性检验的固定资产投资、经济发展水平均通过了显著性检验。以贸易对外开放为门槛值时，要素禀赋通过了显著性检验，以资本对外开放为门槛值时，要素禀赋结构对产业结构优化没有通过显著性检验。其他变量如绿色技术创新、资本对外开

第七章 长江经济带对外开放、绿色技术创新与产业转型

放、贸易对外开放、人力资本的正负号与动态模型一致，从而说明门槛模型稳定性较强。

2.以资本对外开放水平为门槛变量，产业结构的非农化和高级化水平随着门槛值递增

被解释变量为产业结构非农化时（表7-3第2列）和产业结构高级化时（表7-3第4列），以资本对外开放水平为门槛变量，均为单一门槛模型，门槛值均为1.190 7，各区段的绿色技术创新与产业结构非农化水平均呈现正相关关系，且存在明显的门槛效应。在两个门槛区间内，绿色技术创新对产业结构非农化水平和高级化水平的影响系数均呈现递增的趋势，且均在1%的水平上显著。这说明随着门槛变量资本对外开放的取值由低到高递进，绿色技术创新对产业结构非农化和高级化的影响呈现逐渐递增的非线性特征。验证了一个国家或者地区的资本对外开放水平越高，对产业结构非农化的作用力就越强。目前，长江经济带达到门槛值的区域有上海。

3.以贸易对外开放水平为门槛变量，产业结构的非农化和高级化水平随着门槛值递增

被解释变量为产业结构非农化时（表7-3第3列）和产业结构高级化时（表7-3第5列），以贸易对外开放水平为门槛变量，均为双门槛模型，被解释变量为产业结构非农化，门槛值为0.201 6和0.579 7。被解释变量为产业结构高级化时，门槛值为0.201 6和0.713 3。数据显示，随着门槛值的逐渐升高，绿色技术创新对产业结构非农化水平和高级化水平的影响系数均呈现递增的趋势，且均在1%的水平上显著。这说明随着门槛值贸易对外开放的取值区间由低到高的递进，绿色技术创新对产业结构非农化和高级化的影响呈现逐渐递增的非线性特征。这说明贸易开放水平越高，对产业结构非农化和高级化的作用力就越强。目前，长江经济带达到第一个门槛值的区域有上海、江苏、浙江、重庆，达到第二个门槛值的区域有上海。

4.控制变量要素禀赋结构、固定资产投资、经济发展水平均通过了显著性检验

（1）要素禀赋结构对产业结构的非农化和高级化的影响不确定。以资本对外开放为门槛值时，要素禀赋结构对产业结构优化没有通过显著性检验，以贸易对外开放为门槛值时，系数为正。可能的原因是长江经济带长久以来要素禀赋结构呈现出人力资源丰富而技术和资本相对稀缺的特征，比较适合劳动密集型产业。随着社会的发展，人口老龄化进程加快，人口红利逐渐消退，劳动密集程度较高的部分中低端制造业亟待转型，必须通过铸就新的增长动力以形成新的竞争优势。

（2）固定资产投资对产业结构的影响系数为负。可能的原因是：改革开放以来，长江经济带一直非常重视投资对经济增长的拉动作用，但长江经济带固定资产投资结构与长江经济带产业结构升级方向不匹配，且重复建设情况较多，从而导致产业布局重复布局，缺乏高端产业，产业结构优化升级得不到提升。

（3）经济发展水平对产业结构的影响系数为负。可能的原因是地区经济发展与创新能力不一致造成的。

表7-3 门槛回归结果

指标	被解释变量：产业结构非农化（AIS）		被解释变量：产业结构高级化（UIS）	
	以FDI为门槛变量	以对外贸易为门槛变量	以FDI为门槛变量	以对外贸易为门槛变量
lnGTFP_1	0.110 9*** (3.71)	0.071 0*** (2.28)	0.220 5*** (5.32)	0.123 7*** (2.90)
lnGTFP_2	0.208 3*** (5.11)	0.120 4*** (3.89)	0.402 9*** (7.12)	0.219 4*** (5.13)
lnGTFP_3	—	0.185 3*** (5.20)		0.396 9*** (7.06)

续表

指标	被解释变量：产业结构非农化（AIS）		被解释变量：产业结构高级化（UIS）	
	以FDI为门槛变量	以对外贸易为门槛变量	以FDI为门槛变量	以对外贸易为门槛变量
lnFDI	—	0.046 3** （1.96）	—	−0.095 0*** （−2.90）
lnTRS	−0.018 6 （−0.68）	—	−0.130 4*** （−3.45）	—
lnHR人力资本	0.125 0*** （2.67）	0.119 4*** （2.52）	0.259 1*** （3.98）	0.240 7*** （3.69）
lnKS要素禀赋结构	0.660 4 （1.25）	1.029*** （2.01）	0.693 3 （0.94）	1.424 1*** （2.00）
lnINV固定资产投资	−0.542 7 （−1.02）	−0.907 2*** （−1.77）	−0.527 6 （−0.72）	−1.221 7*** （−1.71）
ln$PGDP$经济发展	−0.903 9*** （−1.76）	−1.205 2*** （−2.44）	−1.207 1** （−1.69）	−1.782 9*** （−2.60）
常数项	7.790 7*** （1.66）	10.540 7*** （2.34）	11.695 3** （1.79）	17.064 5*** （2.72）
门槛值1	1.190 7	0.201 6	1.190 7	0.201 6
跨越门槛1的区域	上海	上海、江苏、浙江、重庆	上海	北京、上海、江苏、浙江、重庆
门槛值2	—	0.5797	—	0.7133
跨越门槛值2的区域	—	上海	—	上海

注：***、**别表示在1%、5%、10%的水平上显著，（ ）括号内为回归系数的z值。

第三节　主要结论

本章采用SYS-GMM模型和门槛面板模型，利用2005—2017年长江经济带省际面板数据研究绿色技术创新、对外开放对产业结构优化的影响。其中将对

163

外开放分成资本对外开放和贸易对外开放两个方面，将产业结构优化分成产业结构非农化和高级化两方面。研究发现以下几点：

第一，SYS-GMM模型显示，滞后一期产业结构的发展对当期产业结构有正向影响，产业结构优化具有惯性的惯性驱动效应。

第二，绿色技术创新对产业结构优化有驱动效应。说明绿色技术创新作为经济发展的一种核心动力，不仅能提高全要素生产率，还能促进传统产业向工业化、高级化、新型化方向转型。

第三，资本对外开放和贸易对外开放对产业结构优化的影响存在异质性。资本对外开放促进产业结构向非农化、合理化方向发展，而抑制产业结构向高级化方向提升。可能的原因是长江经济带吸引的外商投资直接集中于劳动密集型产业，高端核心技术、产品关键技术环节等技术很少，所以资本对外开放抑制产业结构向高级化方向提升。贸易对外开放对产业结构优化的两个方向均产生了阻碍作用。可能的原因是长江经济带在对外开放出口产品以位于产业链低端的低技术含量产品为主，而长江经济带贸易进口产品尽管位于产业链高端，但进口产品迅速占领国内市场，企业创新动力减弱。

第四，门槛模型稳定性较强。分别以资本对外开放水平和贸易对外开放水平为门槛变量时，随着门槛变量的递增，绿色技术创新对产业结构的非农化和高级化水平的正向影响增强，目前少数城市如北京、上海处于门槛值的高位区间内。

第五，人力资本对产业结构优化的两个方向均有提升作用。说明高质量人力资本是绿色技术创新与经济增长的源泉。长江经济带要素禀赋结构对产业结构优化的作用不明显，这说明长江经济带劳动密集程度较高的部分中低端制造业亟待转型，必须通过铸就新的增长动力以形成新的竞争优势。固定资产投资对产业结构的影响系数为负。这说明长江经济带固定资产投资结构与长江经济带产业结构升级方向不匹配，且重复建设情况较多。地区经济发展与创新能力不一致而造成的。

第八章

长江经济带数字经济、绿色技术创新与碳排放

长江经济带绿色技术创新效率与政策研究
基于国际技术溢出视角

近几年,"双碳"目标已成为世界各国的共识,我国也提出了"3060"的目标。我国碳减排不仅难度很大,还面临着很多挑战。提高碳生产率是实现经济绿色发展的关键途径(Zofio J L, Prieto A M,2011)[1],也是提升绿色创新发展的关键,而实施碳达峰、碳中和在不同国家、地区之间的难度是不同的。这主要体现在以下两个方面:一方面,中国的经济增长主要是以化石能源为基础的经济增长,由此导致碳排放急剧上升(平新乔等,2020),我国仍然处于工业化进程中,偏重的产业结构,对传统能源的依赖程度高,而由于能源结构调整存在"时间滞后性",产业结构存在"碳锁定"效应,所以加大了在短期内通过调整能源结构和产业结构降低碳排放强度的难度。另一方面,中国经济正处在中高速增长的过程中,人均GDP和人均收入排名还比较靠后,在加速城镇化与经济增长的双重压力下,地方政府和企业缺乏碳减排的内生动力(陈菡等,2020),尽管国家提倡低碳发展,而地方政府仍会倾向于选择经济效益好的高碳产业以实现短期的经济增长(余壮雄等)[4];我们面临着发展经济和降低碳排放的权衡取舍,这些因素都增加了延迟达峰的风险。长江经济带发展是中国重大国家发展战略之一,该区域是高端制造业较为集中的区域,是我国实现"3060"目标、实现经济转型发展的"主战场"。当前世界各国气候和环境的治理模式进入了数字经济时代,数字经济的技术效应和平台优势为实现"双碳"目标提供了巨大潜力,数字经济有望成为碳减排最关键的因素。为此,有必要研究绿色技术创新视角下的长江经济带数字经济促进碳减排的机制与路径,以数字化来促进碳减排,实现碳达峰、碳中和具有重要的意义。

第一节 机制分析与理论假设

一、数字经济影响碳减排的内在机制

数字经济主要通过数字产业的"挤出效应",数字经济的"协同效应""集聚效应"、数字基建的"杠杆效应"、智慧城市的"叠加效应"促进碳减排,如图8-1所示。

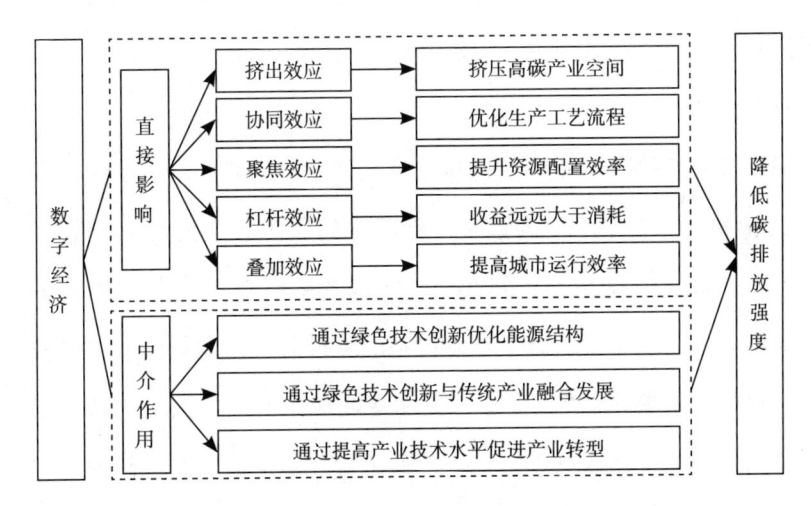

图8-1 数字经济影响碳排放的机制

(一)挤出效应

数字产业通过"挤出效应"挤压高碳产业空间实现碳减排。数字产业和传统制造业不同,数字经济是低碳绿色产业,主要是技术和人力资本的投入,对生态资源依赖性不强。数字经济产业自身作为绿色产业,通过产业链不断地延伸,形成韧性较强的产业集聚,通过"挤出效应"淘汰高碳产业发展,促进碳减排。

(二)协同效应

数字经济通过"协同效应"智能协同改进来提升生产效率促进企业节能减排。数字经济以其平台优势,利用数据建模的方式,优化工业企业生产流程,精准管理生产过程,提高机器设备的运转效率,促进工业企业节能减排。数字技术能够通过搭建电商平台，优化采购流程，达到降低交易成本的目的，提升资源配置效率。

（三）聚集效应

数字经济通过"聚集效应"提升资源配置效率降低碳减排。数字经济的平台化、开放式、共享性的应用将大量的企业、创业者、消费者集聚在一个平台，以便各利益相关主体能够快捷、方便地使用数据、开展交易活动，形成一种良性聚集互动、融合发展的态势。平台各相关利益主体可以精准、及时地与消费者沟通，把握消费者需求，引领消费潮流，降低交易成本。

（四）杠杆效应

数字经济通过数字基建的"杠杆效应"助力节能减排。数字经济发展过程中的"杠杆效应"主要表现为数字产业减少的碳排放量远远大于数字基础设施产生的碳排放量。据预测，到2035年我国数据中心和5G基站的碳排放将分别是2020年的两倍或四倍，数字基础设施的碳排放"锁定效应"将是我国实现"3060"目标的重要挑战[1]。但据《更加智能2030》报告预测，到2030年，数字产业发展减少的碳排放量将会是该产业碳排放的十倍。数字基建的"杠杆效应"将会减少经济增长与低碳发展之间的权衡取舍。

（五）叠加效应

数字经济通过智慧城市的"叠加效应"促进碳减排。智慧城市的发展是城市碳减排的具体应用场景，数字科技推动智慧城市的建设，形成数字产业、智慧治理、人才集聚的"叠加效应"促进碳减排。具体表现为：在基建上通过数字化提高城市交通运作效率，减少不必要的能源消耗。通过对客流和交通疏堵状态的数字化管理，有助于更好地规划设计公交系统的路线、班次，降低乘客候车时间，提高交运效率。通过应用智能化和数字技术进行城市管理，不仅能

---

[1] 《中国数字基建的脱碳之路：数据中心与5G减碳潜力与挑战（2020—2035）》报告。

够通过数据管理提高城市运作效率,而且居民还能置身于智慧城市中,推动居民生活方式的低碳化转变,在城市数字化转型生活场景应用中助力碳减排。

二、绿色技术创新的中介作用

数字经济有助于提升绿色技术创新水平,而绿色技术创新能有效促进碳减排,绿色技术创新在数字经济促进碳减排中起到中介作用。其主要表现为绿色技术创新通过促进能源结构优化、产业融合、产业结构转型促进碳减排。

(一)数字经济通过促进绿色技术创新实现能源数字化升级、能源结构优化,减少碳排放

数字绿色技术创新能够有效地降低城市经济发展对传统资源的开采和利用,特别是电气化技术、可再生能源技术的发展将会逐渐淘汰传统石化能源,推动新型绿色能源产业结构升级。数字技术还可以通过建立综合能源管理的数字化平台,用电部门可以根据区域用电的特点,得出最优的控制方式,降低用电的损耗,实现降低碳排放强度的目的。

(二)数字经济通过绿色技术创新与传统产业融合发展实现碳减排

数字技术的产业渗透力强、规模经济效益显著、网络效应强,云计算、人工智能等数字技术能与建筑行业、煤电行业、化工行业、交通行业等行业融合发展,提升传统行业的运行效率,降低碳排放。比如,数字技术可以和电力行业融合构建新型电力系统达到降低碳排放的目的;数字经济还可以通过数字技术驱动绿色环保产业发展,绿色技术创新效率的提升有利于驱动绿色环保技术的发展,推动循环利用技术、污染控制设备和环保材料等的使用,不仅可以提高对碳排放的监控力度,也可以提高企业化石能源的利用效率,从而抑制碳排放的增长。

(三)数字经济通过提高产业技术水平促进产业转型实现碳减排

随着数字经济的迅速发展,数字化、智能化发展是推动经济发展和产业转

型的重要力量。数字绿色技术创新能引领不同行业的产业结构向智能化方向转型。通过上下游体系的改造来减少物料和能源的消耗，促进产业绿色清洁化转型，提高资源利用效率，削减温室气体和污染物排放。比如，工业企业在生产的各个阶段，将数据资源作为要素投入，提升生产智能化，提高资源配置效率，降低碳排放。在销售过程中，产品的智能升级和服务模式的数字化创新，减少产品积压和产能过剩。

综合所述，提出以下3个假设：

H1：数字经济可以显著降低碳排放强度。

H2：数字经济可以通过提升绿色技术创新水平降低碳排放强度。

H3：在绿色技术创新水平、能源结构、产业结构等有差异的情况下，数字经济发展对碳排放存在非线性关系。

第二节 模型设定及变量说明

一、模型假设

（一）基准模型

基于STIRPAT模型，检验数字经济发展对碳减排的影响效应，STIRPAT模型的基本表达式为：

$$I = \alpha P^x A^y T^z e \tag{8-1}$$

为了防止模型可能出现的异方差，将式（8-1）两边取自然对数：

$$\ln I = \ln \alpha + x\ln P + y\ln A + z\ln T + e \tag{8-2}$$

式（8-1）和式（8-2）中，STIRPAT模型将环境影响（I）分解成人口（P）、技术（T）与富裕程度（A）的乘积；α为常数项，e表示随机误差。

在研究过程中，研究者可以根据研究的侧重点和目的的不同，相应地在模型中加入其他解释变量。本研究主要探讨数字经济发展对碳排放强度的影响，所以构建的模型如式（8-3）所示：

$$ci_{it} = c + \alpha_1 de_{it} + \sum control_{it} + \epsilon_{it} \quad (8-3)$$

式中：c是常数项；ci表示碳排放强度；de表示数字经济发展水平；$\sum control_{it}$代表控制变量，包括产业结构（IS）、能源结构（ES）、对外依存度（ED）、人口规模（PS）；ϵ_{it}是随机误差项。

（二）中介效应模型设定

$$Mv_{it} = c + \alpha_2 de_{it} + \sum control_{it} + \epsilon_{it} \quad (8-4)$$

$$ci_{it} = c + \alpha_3 de_{it} + \beta_1 Mv_{it} + \sum control_{it} + \epsilon_{it} \quad (8-5)$$

式中：Mv表示中介变量绿色技术创新（TFP）；α_1代表总效用；α_3代表直接效应；α_2、β_1代表中介变量绿色技术创新效率在数字经济发展促进碳减排的中介效应；i代表区域；t代表时间；控制变量和上文相同。

（三）门槛效应模型设定

$$ci_{it} = c + \sum control_{it} + \beta_1 de_{it}(q_{it} \leq \theta) + \beta_2 de_{it}(q_{it} > \theta) + \epsilon_{it} \quad (8-6)$$

式中：c是常数项；q表示门槛变量；de是数字经济变化的量；控制变量和上文相同。

二、变量选取及数据说明

（一）被解释变量

碳排放强度（CI）。碳排放强度用CO_2排放量除以GDP的值表示。CO_2排放量则根据IPCC公布的各种石化燃料中CO_2排放量计算公式计算。煤炭、焦炭等各种石化燃料数据来源于各年《中国环境统计年鉴》。

（二）核心解释变量

数字经济发展水平（de），从数字基础设施、数字经济应用、数字产业发展和经济发展水平四个层次构建了16个指标,用主成分分析法(PCA)进行测算,数据主要来源于ESP数据库,具体见表8-1。

表8-1 长江经济带数字经济发展水平评价指标

决策层	指标构成	决策层	指标构成
数字基础设施	光缆线路长度（X1）	数字产业发展	电信业务总量（X9）
	移动电话普及率（X2）		交通运输、仓储和邮政业增加值（X10）
	互联网网页数（X3）		信息传输、软件和信息技术服务业固定资产投资占比（X11）
	互联网域名数（X4）		信息传输、软件和信息技术服务业法人单位数（X12）
数字经济应用	网上销售额（X5）	经济发展水平	信息传输、软件和信息技术服务业企业营业收入（X13）
	电子商务销售额（X6）		城镇居民人均可支配收入（X14）
	快递业务量（X7）		人均GDP（X15）
	宽带接入用户数（X8）		金融业增加值（X16）

（三）中介变量

绿色技术创新效率（ptfp）算法同上文。

（四）控制变量

产业结构（is）用第三产业占比与第二产业占比的比值表示。能源结构（es）用煤炭消费量除以能源消费量的值表征。对外依存度（ed）用货物进出口金额除以GDP的值表示。人口规模（PS），用常住人口表征。

第三节 实证检验及结果分析

一、基准回归

为了进一步研究数字经济对碳排放强度的影响,用双固定效应采取逐步加入控制变量的方式进行回归,结果见表8-2的模型1和模型2。模型1显示,数字经济在10%水平下显著为负,而加入控制变量的模型2显示数字经济在5%下显著为负,这说明数字经济发展水平越高,碳减排力度越强,初步表明数字经济促进了碳减排,假设1初步成立。

从控制变量来看,绿色技术创新的回归系数显著为负,说明绿色技术创新促进了碳减排。产业结构的系数显著为正(0.034 8)时,说明产业结构没有促进碳减排,主要原因是长江经济带产业结构总体偏重,高碳产业占国民经济的比值居高不下,从而导致碳排放增加。当能源结构的回归系数为正(0.527 8)时,说明煤炭消费量占比越高,碳排放强度越高。对外依存度的系数表明对外贸易增加了碳排放,可能的原因是一方面外资企业在长江经济带区域的投资中有相当一部分碳排放多的制造业,不利于碳减排。另一方面长江经济带对外贸易中资本密集型、技术密集型产品占比相对偏低,而劳动密集型的低附加值、低技术产品占比较高,这就加剧了碳排放。人口规模的回归系数为正,这与现实经济是相符的,一般而言,人口数量与生产规模成正比,与消耗的煤炭、石油、天然气等成正比,就会导致碳排放量较大。

因为SYS-GMM方法不仅可以衡量滞后一期碳排放强度对本期的影响,还可以克服解释变量之间可能存在的内生性问题,所以本部分选择SYS-GMM进行内生性和稳健性检验。结果显示,SYS-GMM回归中各变量的系数正负号与固定效应一致,说明回归结果稳健性较强。动态因素θ即滞后一期碳排放强度的系数为正,且通过了显著性检验,说明碳排放存在累积循环效应(表8-2)。

表8-2 基准回归及内生性检验

θ（动态因素）	固定效应 模型1	固定效应 模型2	系统GMM模型 模型3
	—	—	0.882 4***（11.18）
de	−0.117 8**（−2.17）	−0.203 2***（−2.57）	−0.234 1***（−4.27）
ptfp	—	−0.164 7***（−2.66）	−0.250 7***（−4.84）
is	—	0.334 8***（3.18）	0.212 0***（3.19）
es	—	0.527 8***（8.47）	0.015 8（0.23）
ed	—	0.152 2***（5.39）	0.038 2***（1.75）
PS	—	0.448 7***（5.82）	0.275 1***（2.23）
C	2.926 5***（87.31）	−1.780 1***（−2.31）	−2.299 9（−2.23）
N	110	110	110
R^2	0.377 2	0.776 7	—
Sys−GMM检验	—	—	—
AR（1）检验	—	—	[0.040 4]
AR（2）检验	—	—	[0.530 6]
Sagan检验	—	—	[1.000 0]

注：***、**、*分别表示在1%、5%、10%的水平上显著，（）括号内为t值。

二、全样本中介作用检验

本部分采用双固定效应面板模型检验绿色技术创新在数字经济影响碳排放强度的中介作用，表8-3第一列（1）的简单回归结果显示，数字经济系数负向显著（−0.389 7），说明长江经济带数字经济发展能够显著抑制碳排放，长江经济带数字经济发展对碳减排的总效应为0.389 7。列（2）是数字经济对绿色技术创新的影响回归，系数为1.131 8，这说明数字经济显著推动了绿色技术创新，列（3）是数字经济和中介变量绿色技术创新对碳排放强度的联合回归，结果显示绿色技术创新的系数为−0.164 7，且负向显著，说明绿色技术创新能显著促进碳减排。数字经济的回归系数为0.203 2，且小于方程（8–1）中数字经济的系数0.389 7，负向显著，这说明绿色技术创新在数字经济对碳减排的影响中有中介作用，且中介效应为0.186 5，中介效应占总效应的比值为47.86%。

为了检验模型的稳定性，用第三产业占比替代产业结构指标进行检验，回归结果见列（4）~（6），从检验结果可以看出，长江经济带数字经济能够显著促进绿色技术创新，绿色技术创新能显著促进碳减排，数字经济对碳排放的总效用显著为负，说明数字经济对碳排放有抑制作用。结果与基准回归一致，说明结果稳健性强，研究假设1成立。

为了系统检验绿色技术创新这个中介变量的显著性，同时采用Sobel和Bootstrap两种方式进行检验，在基准回归和稳健性检验中，绿色技术创新的中介效应均显著为负，所以研究假设2成立。

表8-3 全样本数字经济影响碳排放强度的中介效应检验（绿色技术创新的中介效应）

变量	中介效应			稳健性检验		
	CI	t/p	CI	CI	t/p	CI
	（1）	（2）	（3）	（4）	（5）	（6）
de	−0.389 7*** （−10.41）	1.131 8*** （19.58）	−0.203 2*** （−2.57）	−0.391 5*** （−8.98）	1.153 9*** （17.37）	−0.169 5*** （−2.04）
$ptfp$			−0.164 7*** （−2.66）			−0.192 4*** （−3.10）
is	0.452 4*** （4.60）	−0.714 2*** （−4.70）	0.334 8*** （3.18）	0.766 2*** （3.66）	−1.327*** （−4.16）	0.510 8*** （2.35）
es	0.538 8*** （8.42）	−0.066 3 （−0.67）	0.527 8*** （8.47）	0.498 2*** （7.76）	−0.012 9*** （−0.13）	0.495 7*** （8.04）
ed	0.107 8*** （4.60）	0.269 5*** （7.45）	0.152 2*** （5.39）	0.079 9*** （3.52）	0.311 5*** （9.00）	0.139 8*** （4.80）
PS	0.401 5*** （5.21）	0.286 6*** （2.41）	0.448 7*** （5.82）	0.368 7*** （4.47）	0.303 2*** （2.41）	0.427 1*** （5.24）

续表

变量	中介效应			稳健性检验		
	Cl	tfp	Cl	Cl	tfp	Cl
	（1）	（2）	（3）	（4）	（5）	（6）
C	−1.130 7 （−1.51）	−3.941 8*** （−3.40）	−1.780 1*** （−2.31）	−0.083 7 （−0.13）	−5.367 4*** （−5.28）	−1.116 （−1.55）
N	110	110	110	110	110	110
R^2	0.761 3	0.942 8	0.776 7	0.745 3	0.940 5	0.767 2
Sobel 检验值		−0.186 5*** （Z=2.63）			−0.222 0*** （Z=−3.05）	
Bootstrap 检验	中介效应	95%置信区间	P值	中介效应	95%置信区间	P值
tfp	−0.186 5	[−0.301 4, −0.071 57]	0.001	−0.222 0	[−0.343 00, −.101 0]	0.000

注：***表示在1%的水平上显著，（ ）括号内为t值。

三、分区域中介作用检验

为了进一步检验长江经济带分区域中绿色技术创新在数字经济影响碳排放的中介效应，将长江经济带分成上游、中游和下游进行分析❶，检验结果如表8-4所示。

（一）长江经济带的上游区域结果显示，绿色技术创新是数字经济影响碳排放的主要中介变量

列（1）是总效应显示数字经济对碳减排有显著的促进作用；列（2）显示数字经济显著促进了绿色技术创新；列（3）中数字经济的回归系数−0.043 3代

---

❶ 长江经济带上游包括重庆、四川、云南、贵州，中游包括湖北、湖南、江西，下游包括上海、江苏、浙江、安徽。

第八章 长江经济带数字经济、绿色技术创新与碳排放

表8-4 分区域数字经济影响碳排放的中介效应检验

变量	上游 CI (1)	上游 tfp (2)	上游 CI (3)	中下游 CI (4)	中下游 tfp (5)	中下游 CI (6)
de	-0.373 0*** (-10.27)	1.106 5*** (14.16)	-0.043 3 (-0.58)	-0.145 4*** (-2.84)	0.722 0*** (8.75)	-0.343 7*** (-5.01)
tfp	—	—	-0.298 0*** (-4.72)	—	—	0.274 7*** (3.91)
is	0.078 6 (0.83)	-1.207 3*** (-5.94)	-0.281 8*** (-2.65)	-0.344 8*** (-2.57)	0.361 0*** (1.67)	-0.444 0*** (-3.59)
es	0.437 2*** (3.32)	-0.352 0 (-1.24)	0.332 3*** (3.16)	0.256 7*** (2.79)	-0.029 5 (-0.20)	0.264 8*** (3.18)
ed	-0.150 1*** (-2.94)	0.116 52 (1.06)	-0.115 4*** (-2.85)	0.137 5*** (6.34)	0.247 3*** (7.09)	0.069 5*** (2.66)
PS	0.445 5*** (5.43)	-0.024 92 (-0.14)	0.438 0*** (6.84)	0.010 5 (0.11)	0.913 5*** (5.94)	-0.240 4*** (-2.23)
常数	-0.087 5 (-0.10)	-0.735 9 (-0.39)	-0.306 8*** (-0.45)	2.066 3 (2.25)	-9.271 8*** (-6.26)	4.612 9*** (4.37)
N	40	40	40	70	70	70
R^2	0.959 5	0.963 9	0.976 1	0.804 4	0.954 4	0.842 7
Sobel检验值		-0.329 7*** (Z=-4.481)			0.198 3*** (Z=3.573)	
Bootstrap检验	中介效应	95%置信区间	P值	遮掩效应	95%置信区间	P值
tfp	-0.329 7	[-0.498 4, -0.161 0]	0.000	0.198 3	[0.084 2, 0.312 4]	0.001

注：***表示在1%的水平上显著，（ ）括号内为t值。

177

表数字经济影响碳排放的直接效应,但没有通过显著性检验。代表中介效应的绿色技术创新的回归系数显著为负,即上游区域绿色技术创新降低了碳排放强度。中介效应显著,当直接效应不显著时,这说明该中介变量在解释变量对被解释变量影响中起着完全中介作用,即该中介变量(绿色技术创新)是解释变量(数字经济)对被解释变量(碳排放强度)的"完全中介"效应。在一般情况下,当总效应小且样本量较少的情况下,容易得到完全中介的结果,但是在现实经济中"完全中介"的情况是很少的,但可说明该中介变量(绿色技术创新)是上游地区数字经济影响碳减排的主要中介变量,中介效应为0.329 7,占总效应的88.39%。Sobel检验和Bootstrap检验都显示,长江经济带上游区域绿色技术创新的中介效应都显著为负,这说明该区域数字经济通过提升绿色技术创新这一中介变量显著促进了碳减排。

(二)中下游区域绿色技术创新在数字经济对碳减排的影响中存在遮掩效应。

中游和下游区域进行中介效应模型回归均没有通过Bootstrap检验,而是尝试着将这两个区域合并进行检验,检验结果见列(4)~(6),列(4)显示,长江经济带中下游区域数字经济的回归系数为-0.145 4,说明该区域数字经济促进碳减排的总效应为0.145 4,列(5)结果显示数字经济能显著提高绿色技术创新水平,列(6)中绿色技术创新对碳排放的系数显著为正,说明长江经济带中下游区域绿色技术创新增加了碳排放。而数字经济对碳排放影响的系数为-0.343 7(绝对值大于总效应0.145 4),也就是说数字经济对碳减排影响的直接效应大于总效应,这说明长江经济带中下游区域绿色技术创新在数字经济对碳减排的影响中存在遮掩效应,遮掩效应影响了数字经济促进碳减排的效果,遮掩效应大小为0.198 3,占数字经济影响碳减排的直接效应的57.69%,所以导致总效应小于直接效应。

遮掩效应的主要原因在于长江经济带中下游区域的绿色技术创新没有促进

碳减排，反而增加了碳排放，为什么该区域数字经济能显著促进绿色技术创新，而绿色技术创新却增加了碳排放呢？总体上来看，中下游区域的数字经济发展水平高于上游地区，平均绿色技术创新水平也高于上游地区，可能的原因是：一是数字化发展水平较高的区域（如上海、江苏、浙江等地），经济发展水平也较高，在数字经济发展初期，企业因为重置生产设备，加大了能源的消耗和矿产资源的消耗，从而导致碳排放增加。二是数字产业中的数据中心、工业互联网等数字基础设施都是耗电大户，而煤电比例相对较高的长江经济带中下游区域，电力的消费增加了煤炭消费，从而导致碳排放强度增加。这也说明了数字经济与碳排放之间并不是单纯的线性关系，这一推论需要进一步验证。

四、门槛效应检验

为了进一步验证数字经济对碳排放可能存在的非线性效应，分别将绿色技术创新、产业结构和能源结构作为门槛变量进行分析，看各变量处于不同水平时数字经济对碳排放的影响有何不同。

（一）使用自助抽样法

当对绿色技术创新、产业结构和能源结构为门槛效应时，进行门槛效应检验，表8-5分别报告了以绿色技术创新、产业结构和能源结构为门槛变量时数字经济对碳排放影响的门槛效应检验结果，结果表明，以绿色技术创新水平为门槛变量时，应选择单一门槛；以产业结构和能源结构为门槛变量时，应选择双重门槛。

表8-5 门槛效应检验

门槛检验统计值	以绿色技术创新为门槛变量		以产业结构为门槛变量		以能源结构为门槛变量	
	单一门槛	双重门槛	单一门槛	双重门槛	单一门槛	双重门槛
F值	48.428***	−0.087	15.388*	18.479**	16.509*	33.445***

续表

门槛检验统计值	以绿色技术创新为门槛变量		以产业结构为门槛变量		以能源结构为门槛变量	
	单一门槛	双重门槛	单一门槛	双重门槛	单一门槛	双重门槛
P值	0.003	0.250	0.083	0.020	0.053	0.010
10%临界值	11.037	3.763	14.041	10.173	12.221	11.245
5%临界值	15.400	5.517	21.167	13.345	16.807	21.346
1%临界值	28.646	8.774	30.089	21.617	25.171	34.543
门槛数量	单一门槛		双重门槛		双重门槛	

注：***、**、*分别表示在1%、5%、10%的水平上显著。

（二）在估算门槛值时

为了防止可能出现的异方差，选择稳健标准差进行回归估计。结果显示（表8-6），当门槛变量绿色技术创新、产业结构和能源结构处于不同区间时，数字经济对碳排放的影响系数发生了明显变化。这说明绿色技术创新、产业结构和能源结构的门槛效应明显存在于数字经济与碳排放的关系中，与不考虑门槛效应相比，数字经济对碳排放的影响发生了较大变化，不过无论门槛值如何变化，数字经济始终促进了碳减排，以下以门槛变量的变化进行阐述。

表8-6 门槛回归结果

指标	以绿色技术创新为门槛变量	以产业结构为门槛变量	以能源结构为门槛变量
de_1	−0.051 5*** （−7.84）	−0.139 1*** （−2.06）	−0.195 2*** （−7.24）
de_2	−0.185 0*** （−8.31）	−0.226 3*** （−3.11）	−0.193 4*** （−7.17）
de_3	—	−0.490 9*** （−4.35）	−0.056*** （−7.90）

第八章　长江经济带数字经济、绿色技术创新与碳排放

续表

指标	以绿色技术创新为门槛变量	以产业结构为门槛变量	以能源结构为门槛变量
ptfp	—	−0.159 9*** （−1.78）	—
is	−0.328 3*** （−4.54）	—	−0.462 0*** （−6.59）
es	0.292 0*** （2.58）	0.244 1*** （2.23）	—
ed	0.034 4* （0.80）	−0.026 0 （−0.56）	0.052 1 （1.13）
PS	−2.088 1*** （−4.06）	−1.299 1*** （−2.86）	−1.334 2*** （−2.57）
常数项	20.609 9*** （4.61）	14.140 2*** （3.58）	14.022 9*** （3.10）
门槛值1	0.615 2	0.733 4	0.706 6
门槛值2	—	1.414 9	1.279 0
小于门槛1的区域	安徽、江西、湖北、湖南、重庆、四川、云南	—	上海、浙江、重庆、四川
大于门槛1的区域	江苏、浙江、上海、贵州	—	—
处于门槛1和2之间的区域	—	江苏、浙江、安徽、江西、湖北、湖南、重庆	江苏、江西、湖北、湖南、云南
大于门槛值2的区域	—	上海、四川、贵州、云南	安徽、贵州

注：***、*分别表示在1%、10%的水平上显著。

1.以绿色技术创新为门槛变量

数字经济促进碳减排的力度随着门槛值的增加而逐渐增加。门槛值为0.615 2，各区段的数字经济与碳排放的关系均呈现负相关关系，且存在明显的门槛效应。而在两个门槛区间内，数字经济对碳排放的影响系数的绝对值呈现递增的趋势，且均在1%的水平上显著。这说明随着门槛变量绿色技术创新的

取值由低到高递进，数字经济促进碳减排的效果呈现逐渐递增的非线性特征。说明长江经济带在2011—2020年，随着绿色技术创新水平的提高，数字经济促进碳减排的作用力由弱变强。可能的原因在于数字经济发展的初期，长江经济带地区投入大量的人力和物力资源，创新投入大于产出增加的幅度，创新效率相对较低，而数字产业化的过程中，电力运行需求增大，这就增加了煤炭消费，从而降低了数字经济的碳减排力度，而随着绿色技术创新效率的不断提升，碳减排力度会增强。目前，长江经济带区域内在低于门槛值内的区域有安徽、江西、湖北、湖南、重庆、四川、云南。高于门槛值的区域有江苏、浙江、上海、贵州。

2.以产业结构为门槛变量

数字经济影响碳减排的力度随着门槛值递增。为双门槛模型，门槛值为0.733 4和1.414 9。而随着门槛值的逐渐升高，数字经济对碳减排的作用力呈现递增的趋势，且均在1%的水平上显著。这说明随着产业结构逐渐优化，数字经济促进碳减排的力度呈现逐渐递增的非线性特征。说明产业结构越合理，数字经济的碳减排的效果就越强。目前长江经济带的所有区域均跨过了第一门槛，其中上海、四川、贵州、云南跨过了第2门槛，处于第1门槛和第2门槛之间的有江苏、浙江、安徽、江西、湖北、湖南、重庆。

3.以能源结构为门槛变量

数字经济影响碳减排的力度随着能源结构的优化而加强。为双门槛模型，门槛值为0.706 6和1.279 0。能源结构对应的值越小，能源结构就越优化，所以随着门槛值的减小，碳减排的力度越大。当前，小于门槛值1的区域有上海、浙江、重庆和四川，而大于门槛值2的区域有安徽、贵州，这两个区域能源结构有待优化。这也说明了长江经济带目前的能源结构可再生能源占比较小，仍以传统化石燃料的煤炭、石油等为主。

第四节 主要结论

本章主要分析了数字经济对碳排放的影响机制，认为数字经济主要通过数字产业的"挤出效应"，数字经济的"协同效应""集聚效应"、数字基建的"杠杆效应"、智慧城市的"叠加效应"促进碳减排。绿色技术创新在数字经济促进碳减排中起到中介作用，其主要表现为绿色技术创新通过促进能源结构优化、产业融合、产业结构转型促进碳减排。基于2011—2020年长江经济带各省（市）面板数据，测度了数字经济发展水平和绿色技术创新效率水平，利用固定效应、中介效应和门槛回归模型分析了数字经济对碳减排的影响效应。得出以下结论。

第一，长江经济带数字经济显著促进了碳减排。控制变量结果显示，长江经济带绿色技术创新与碳减排呈负相关关系，产业结构、能源结构、对外贸易和人口均提高了碳排放强度。

第二，长江经济带绿色技术创新在数字经济促进碳减排的中介效应明显，绿色技术创新是数字经济促进碳减排的重要传导机制。区域异质性显示上游地区绿色技术创新的中介效应明显，但中下游地区绿色技术创新在数字经济促进碳减排的过程中中介效应表现为遮掩效应。遮掩效应的可能原因是：相比而言，数字化发展水平较高的区域，经济发展水平也比较高，在数字经济发展初期，企业因为重置生产设备，加大了能源的消耗和矿产资源的消耗，从而导致碳排放增加。再则，在中下游区域数字产业化过程中，加大了对稀有金属和矿产的开采，造成了资源的过度消耗，加大了碳排放。中下游区域发展数字经济需要大量的电力，煤电比例相对较高，电力的消费增加了煤炭消费，从而加大了碳排放。

第三，数字经济对碳排放存在的非线性效应。采用门槛模型发现，数字经济对碳减排的推动作用表现出非线性效应。在2011—2020年，长江经济带区域随着绿色技术创新效率水平的上升、能源结构改善和产业结构优化，数字经济对碳减排的影响力度增强。

第九章

研究结论、政策建议及研究展望

第一节 研究结论

一、长江经济带绿色技术创新效率逐年递增，区域差异较大

整体而言，长江经济带绿色技术创新效率呈现增长趋势，下游地区绿色技术创新效率位居第一，三大区域差异较大。在技术开发阶段，绿色技术开发效率比不考虑环境的传统技术开发效率高，且差距逐年扩大，这充分说明长江经济带的生态保护效果较好，绿色技术创新成果丰硕。绿色技术成果转化效率逐年稳步上升，但相对于第一阶段，整体偏低，还有较大提升空间。在成果转化阶段，绿色技术成果转化效率各区域差异显著，技术成果转化发展水平不平衡，下游地区仍位居第一。绿色技术成果转化效率较高省（市）为江苏、浙江、上海，较低省（市）为重庆、云南、贵州，这将是未来政策改革的重点关注对象。

长江经济带综合技术效率呈现出"先短暂下降—短暂上升—短暂下降—后持续上升"的"W"型波动态势。下游区域综合技术效率要优于中、上游区域，环境因素对综合技术效率、纯技术效率以及规模效率影响较大，需要充分发挥保护环境所带来的经济效益。

二、长江经济带绿色技术创新效率具有累积循环效应

长江经济带绿色技术创新效率具有累积循环效应，当前一期的绿色技术创新效率提升1%时，将会促进当期绿色技术创新效率提升0.270 1%。国内研发投入是促进绿色技术创新效率提升的最重要的因素。长江经济带环境规制的对绿

技术创新的影响的抑制效应大于促进作用。在产业结构中，第三产业占比促进了绿色技术创新，第二产业增加值与第三产业的比值抑制了绿色技术创新，这说明长江经济带制造业仍然以重工业为主，高耗能行业占比偏高。而高耗能产业的发展，使能源需求量持续增加，引起碳排放持续增加，抑制了绿色技术创新效率的提升。因此金融业发展和经济发展均抑制了绿色技术创新效率的提升。

三、长江经济带绿色技术创新空间溢出效应呈现"损人利己"特征

空间杜宾模型显示，长江经济带绿色技术创新空间的提升通过空间溢出效应十分明显地降低了相邻地区绿色技术创新效率，呈现"损人利己"的空间效应。空间溢出效应是影响长江经济带绿色技术创新空间格局的主要因素。

四、OFDI逆向技术溢出呈现"双抑制"的空间效应

长江经济带的对外直接投资抑制了绿色技术创新效率的提升。空间杜宾模型回归结果显示：对外直接投资不仅抑制了本地区技术创新提升，还通过空间溢出效应十分明显地降低了相邻地区绿色技术创新效率，呈现"双抑制"的空间效应。从空间溢出效应分解来看：长江经济带对外直接投资逆向技术溢出的首次、二次和总溢出效应均为负值，这说明长江经济带的对外直接投资逆向技术溢出不仅抑制了所在区域的绿色技术创新效率，其二次溢出也抑制了相邻或相似区域的绿色技术创新效率的提升。

五、OFDI逆向技术溢出对绿色技术创新的影响存在非线性效应

长江经济带对外直接投资逆向技术溢出对绿色技术创新效率的影响存在非线性特征。分别以环境规制、数字经济发展、经济发展水平、产业结构、市场化进

程、对外开放水平、研发投入、人力资本、传统技术创新等因素为门槛变量,分析OFDI逆向技术溢出对绿色技术创新效率的非线性效应。结果显示,以国内研发投入、人力资本素质、产业结构、环境规制、数字经济等因素为门槛变量时,随着门槛变量取值区间由低到高,长江经济带OFDI逆向技术溢出对绿色技术创新效率的抑制作用也逐渐减弱。以传统技术创新为门槛变量时,为单一门槛。随着技术创新这个门槛变量取值区间由低到高,长江经济带OFDI逆向技术溢出对绿色技术创新效率的影响由抑制作用转向促进作用。以经济发展水平为门槛变量,为单一门槛模型。随着门槛变量取值区间由低到高,长江经济带OFDI逆向技术溢出对绿色技术创新效率的抑制作用逐渐增大。以市场化为门槛变量,为双重门槛模型。随着市场化这个门槛变量取值区间由低到高,长江经济带OFDI逆向技术溢出对绿色技术创新效率的抑制作用先增大后减小。当对外开放为门槛变量,为双重门槛模型。随着对外开放这个门槛变量取值区间由低到高的转变,长江经济带OFDI逆向技术溢出对绿色技术创新效率的抑制作用先增加后减少。

六、长江经济带FDI技术溢出对绿色技术创新效率有显著的促进作用

长江经济带FDI技术溢出对绿色技术创新效率有显著的促进作用,说明FDI技术溢出是长江经济带绿色技术效率提升的重要渠道,FDI技术溢出对绿色技术创新效率也存在非线性效应。当以国内研发投入和产业结构为门槛变量时,随着门槛值的上升,FDI对绿色技术创新效率的影响由负转正;当以环境规制为门槛变量时,FDI对绿色技术创新效率的影响呈现由正转负再转正的非线性特征。且各个区域都呈现不同的特征。

七、长江经济带绿色技术创新对产业结构优化有驱动效应

绿色技术创新作为经济发展的核心动力,不仅能提高全要素生产率,还能

促进传统产业向工业化、高级化、新型化方向转型。资本对外开放和贸易对外开放对产业结构优化的影响存在异质性。资本对外开放促进产业结构向非农化、合理化方向发展，而抑制产业结构向高级化方向提升。贸易对外开放对产业结构优化的两个方向均产生了阻碍作用。当分别以资本对外开放水平和贸易对外开放水平为门槛变量时，随着门槛变量的递增，绿色技术创新对产业结构的非农化和高级化水平的正向影响增强，目前少数区域如北京、上海处于门槛值的高位区间内。人力资本对产业结构优化的两个方向均有提升作用。这说明高质量人力资本是绿色技术创新与经济增长的源泉。长江经济带要素禀赋结构对产业结构优化的作用不明显，说明长江经济带劳动密集程度较高的部分中低端制造业亟待转型，必须通过铸就新的增长动力以形成新的竞争优势。固定资产投资对产业结构的影响系数为负。这说明长江经济带固定资产投资结构与长江经济带产业结构升级方向不匹配，且重复建设情况较多。地区经济发展与创新能力不一致造成的。

八、绿色技术创新是数字经济促进碳减排的重要传导机制

长江经济带数字经济显著促进了碳减排。长江经济带绿色技术创新在数字经济促进碳减排的中介效应明显，这说明绿色技术创新是数字经济促进碳减排的重要传导机制。区域异质性显示上游地区绿色技术创新的中介效应明显，但中下游区域绿色技术创新效率在数字经济促进碳减排的过程中表现为遮掩效应。数字经济对碳排放存在的非线性效应。在2011—2020年，长江经济带区域随着绿色技术创新效率水平的上升、能源结构改善和产业结构优化，数字经济对碳减排的正向影响力度逐渐增强。

第二节 政策建议

一、多举措提升长江经济带绿色技术创新效率

（一）构建长江经济带绿色技术创新的评价体系

建立以高科技研发为核心、以绿色低碳产业为支撑的绿色经济发展模式，加强对生态环境的保护和修复，将环境指标融入技术创新评价体系，完善和优化长江经济带技术创新效率评价体系，实现经济发展和生态保护的双赢，提升长江经济带绿色技术创新效率。

（二）推动长江经济带区域生态环境保护一体化

恪守生态底线，维护生态安全，避免过度开发。一体化建设有助于打破跨区域之间的壁垒，极大地便利长江经济带污染治理、政策实施、协同工作等方面的落实，促进长江经济带绿色发展。

（三）加速长江经济带上、中、下游区域协同发展，缩小区域之间的差距

下游地区在绿色技术开发、技术成果转化等方面均优于中、上游地区，将下游区域打造成原始创新策源地，开展开放创新、集成创新，充分发挥国际技术溢出效应，引领长江经济带各区域协调发展，鼓励具备先进绿色技术的下游企业进驻上、中游区域，合作开展绿色技术人员联合培训。通过技术、经验和资源的共享，减少上游地区资源冗余，加强对资源的高效利用，提升中游区域绿色技术创新水平，带动中上游地区绿色低碳产业快速发展。

（四）针对不同区域的差异性，因地制宜精准施策

优化长江经济带国家工程技术研究中心、国家重点实验室等创新平台基地布局。安徽省要着重提高研发技术水平、加强环境保护；重庆要重点提高研发技术水平、解决资源冗余问题；贵州技术研发、资源冗余、环境保护均应重视，其余省（市）的重点策略（表9-1）。

第九章 研究结论、政策建议及研究展望

表9-1　2011—2020年省（市）区域绿色技术创新效率、因素分解及重点策略

区域	综合技术效率	纯技术效率	规模效率	提高区域技术	减少资源冗余	加强环境保护
上海	0.7195	0.7896	0.9105	-	-	-
江苏	0.5266	0.6067	0.8592	○	-	-
浙江	0.7182	0.7518	0.9531	-	-	○
安徽	0.2728	0.4458	0.6141	●	○	●
江西	0.3016	0.5081	0.5388	○	○	-
湖北	0.7785	0.8654	0.8929	-	-	-
湖南	0.5727	0.7202	0.7996	-	○	-
重庆	0.1899	0.4023	0.4696	●	●	○
四川	0.4658	0.6550	0.6892	○	○	●
贵州	0.2050	0.4587	0.4201	●	●	-
云南	0.2011	0.6398	0.3350	○	●	-

注："○"表示需要采取相应的措施，"●"表示强调特别需要采取相应的措施，"-"表示暂不需要采取相应的措施。

（五）数字技术与绿色创新相结合

在数字经济蓬勃发展的背景下，将数字技术与绿色创新有机结合起来，实现数字化、绿色化良性循环，推动我国经济的高质量发展。

（六）推动长江经济带工业企业由粗放式生产方式向集约式生产方式转变

以企业为主体，加强企业的技术创新，遴选发布绿色低碳科技企业，培育绿色技术创新领军企业，形成机制完善的开放型绿色技术创新体系。

二、关注影响因素对绿色技术创新的提升作用

（一）重视循环规律

注重绿色技术创新的累积循环规律，重视存量维护与增量引育的互补效应。

（二）持续加大国内研发投入

科学技术是第一生产力，长江经济带在实施创新驱动战略的过程中，一方面需要以未来产业布局为导向，以基础性、前瞻性、原创性科研为着眼点，找出创新链、产业链、供应链的关键节点，集聚人力、财力、物力持续加大全社会经费投入。另一方面需要调整和优化经费投入结构，重点向"高精尖"投入倾斜，加大关键、核心技术的攻关。进一步完善科技奖励和激励机制，不断地激发市场主体创新活力。

（三）发挥环境资源的配置作用，规范环境规制

以"看得见的手"政府来发挥环境资源配置的作用，避免环境资源在配置过程中的失效现象。

（四）促进产业结构向低碳化转型

加强体制机制建设，进一步增加环保政策的"含金"量和产业发展政策的"含绿"量，推动产业绿色低碳转型。增加绿色产业发展的金融扶持、财税补助和投资支持，完善绿色低碳发展资金链。全产业链各链接点协同促进绿色低碳转型。

（五）加强区域合作

重视各因素的空间溢出效应，改善各区域之间存在资源的无序竞争关系。

三、重视OFDI对绿色技术创新的逆向技术溢出

（一）减轻OFDI对绿色技术创新的负向影响

优化长江经济带的OFDI投资结构，加大企业在海外市场中的高附加值、高技术含量的新兴产业、消费品业、高端服务业等领域的海外并购和绿地投资。完善对外投资促进与服务体系，形成良性的激励政策、便利化体系和准出体系，为企业对外直接投资提供保障。

（二）着力推动长江经济带区域合作走深走实，降低OFDI逆向空间溢出的"双抑制"效应

加强长江经济带区域合作，有效利用国外资源、开拓国际市场以及获取逆向绿色技术溢出。未来长江经济带各省市可以联合参与"一带一路"和"海上丝绸之路"建设，通过联合统筹内部各项资源向外打包输出，加快南向通道建设，政府也可以出台联合补贴政策，鼓励传统产业向外转移。

（三）其他

重视环境规制、数字经济发展、经济发展水平、产业结构、市场化进程、对外开放水平、研发投入、人力资本、传统技术创新等因素在OFDI对绿色技术创新效率影响中的作用，协调各因素，从而降低OFDI对绿色技术创新效率的抑制作用。

四、重视FDI对绿色技术创新效率的技术溢出

（一）优化FDI结构，加大引进技术密集型和高科技产业FDI力度

利用技术溢出效应，促进产业结构升级，带动关联产业协同发展，同时提高相关产业生产技术水平，提高绿色技术创新效率。

（二）协调发展FDI与外贸活动

加强顶层设计，有计划地引进FDI，加强对外资企业的引导和监督，以确保FDI对我国的贸易出口额产生积极而可持续性的影响，扩大FDI规模带动外贸进出口。

（三）其他

重视研发投入、环境规制、产业结构等因素在FDI对绿色技术创新效率影响中的作用，协调各因素，从而提升FDI对绿色技术创新效率的促进作用。

五、重视绿色技术创新对产业结构升级的促进作用

（一）保证产业结构优化惯性驱动效应

产业结构的优化是一个动态过程，以遵循产业间协调发展和最高效率原则，通过技术进步、对外开放的作用力，促进产业结构向非农化和高级化方向发展。

（二）重视绿色技术创新

将绿色技术创新作为实现产业结构优化的重要途径。加大研发投入，提高自主创新能力，高度重视颠覆性技术的创新引领作用。

（三）调整既有的外资引入政策，适当提高外资进入地区的门槛

进一步扩大长江经济带的对外开放，将"以市场换技术"战略转变成"以技术换市场"战略，优化国际资源配置，提高国际合作的层次，扩大国际分工、合作的范围和领域，促进技术有效流动，鼓励各区域积极参与技术领域的国际研发分工与合作。

（四）提升贸易对外开放出口产品的层次，提升本土企业创新动力

提升加工贸易和重点行业出口产品的层次，提高出口产品的技术，构建高层次开放型经济，进一步打开高技术含量产品的出口市场。抓住世界经济深度调整的机遇，支持本土企业走出去，增强本土企业发展内生动力，提升长江经济带本土企业自主创新能力，以开放促发展，从而促进产业延伸高端价值链。

（五）提升人力资本水平，优化要素禀赋结构

加大人力资本投资，提高人力资本效率。在资源优化配置的过程中，积极推动高端要素集聚，促进产业结构与要素禀赋的协调耦合。促进生产要素的优化配置，依靠绿色技术创新、品牌建设等方式实现功能升级，从而拉动产业结构优化升级。

（六）加大固定资产投资

重点加强向传统打造优势产业集群转型、产业整合与改造提升、农业现代化和发展现代服务业加速发展等方面倾斜，以推动产业结构升级。

六、重视数字经济下绿色技术创新对碳排放的抑制作用

（一）大力发展数字经济，充分发挥数字经济对碳减排的促进作用

加大数字经济在经济活动中的渗透率，充分发挥数字经济的平台优势，发挥数字经济的生态效应和技术优势，增强产业链韧性，在产业链更广的范围上实现多环节和多市场主体的减排效应。加快推进绿色数据中心建设，推动基站节能技术应用研发，大力推进数字基础设施建设。

（二）绿色技术创新

加大绿色技术创新对长江经济带数字经济促进碳减排的中介作用，中下游地区要避免绿色技术创新的遮掩效应，特别是安徽、江西、湖北、湖南、重庆、四川、云南等区域要重点提高绿色技术创新效率。

（三）加快低碳转型步伐

提升产业链韧性，持续推动产业结构向合理化和高级化转型。特别是江苏、浙江、安徽、江西、湖北、湖南、重庆等区域要重点推进制造业转型，实施重点行业减碳行动。

（四）构建绿色能源体系，持续优化能源结构

加快推进新型电力系统建设，提高用电效率。提高非石化能源占比，积极培育新能源产业新模式。特别是江苏、江西、湖北、湖南、云南、安徽、贵州等区域要重点推进氢能、太阳能等多种新能源的利用。

第三节　研究展望

本书分析了国际技术溢出视角下长江经济带绿色技术创新的效率。主要将环境数据融入绿色技术创新效率的评价模型，测算了长江经济带各省（市）绿色技术创新效率，并对其进行因素分解。在此基础上依托Coe-Helpman模型，利用动态GMM模型、空间SDM模型和门槛模型分别分析了OFDI逆向技术溢出和FDI技术溢出对长江经济带绿色技术创新效率的影响。为了更好地促进长江经济带低碳发展，进一步分析了对外开放视角下绿色技术创新效率对产业结构升级的促进作用以及绿色技术创新效率在数字经济影响碳生产率中的作用。并在实证分析的基础上，有针对性地提出了政策建议。由于数据的不可获得性，对长江经济带绿色技术创新效率的研究仅停留在省级层面，未来可以尝试从以下三个方面进行深入研究：第一个方面，从行业层面去研究各个行业的绿色技术创新效率的异质性。第二个方面，从企业层面去研究微观层面的企业绿色技术创新效率。第三个方面，从产业链的角度研究各产业链条层面的绿色技术创新效率。另外，随着经济理论的不断发展和方法的不断更新，对于国际技术溢出视角绿色技术创新效率的研究内容和方法还可以进一步调整与深入。

参考文献

[1]白俊红，江可申，李婧.中国地区研发创新的技术效率与技术进步[J].科研管理，2010（6）：7-18.

[2]毕克新，王禹涵，杨朝均.创新资源投入对绿色创新系统绿色创新能力的影响——基于制造业FDI流入视角的实证研究[J].中国软科学，2014（3）：153-166.

[3]毕克新，杨朝均，黄平.FDI对我国制造业绿色工艺创新的影响研究基于行业面板数据的实证分析[J].中国软科学，2011（9）：172-180

[4]卜伟，杨玉霞，池商城.中国对外贸易商品结构对产业结构升级的影响研究[J].宏观经济研究，2019（8）：55-70.

[5]蔡海亚，徐盈之.贸易开放是否影响了中国产业结构升级?[J].数量经济技术经济研究，2017，34（10）：3-22.

[6]陈菡，陈文颖，何建坤.实现碳排放达峰和空气质量达标的协同治理路径[J].中国人口·资源与环境，2020，30（10）：12-18.

[7]陈经伟，姜能鹏.中国OFDI技术创新效应的传导机制——基于资本要素市场扭曲视角的分析[J].金融研究，2020（8）：74-92.

[8]陈诗一.能源消耗、二氧化碳排放与中国工业的可持续发展[J].经济研究，2009（4）：41-55.

[9]陈思杭，雷礼，周中林.环境规制、绿色技术进步与绿色经济发展——基于长江经济带11省市面板数据的实证研究[J].科技进步与对策，2022，39（10）：52-60.

[10]陈文翔，周明生.自主创新、技术引进与产业结构升级——基于外部性视角的省级面板数据的实证分析[J].云南财经大学学报，2017，33（4）：34-44.

[11]陈阳阳.OFDI逆向技术溢出对我国技术创新能力的影响研究[D].长春：吉林大学，2014.

[12]池仁勇，虞晓芬，李正卫.我国东西部地区技术创新效率差异及其原因分析[J].中

国软科学，2004（8）：128-131，127.

[13]丛姗.出口对企业绿色技术创新的影响研究[D].厦门：厦门大学，2020.

[14]杜江，宋跃刚.知识资本、OFDI逆向技术溢出与企业技术创新——基于全球价值链视角[J].科技管理研究，2015，35（21）：25-30.

[15]范旭，张子怡，李键江.环境治理投入门槛、研发投入与绿色技术创新[J].生态经济，2023，39（6）：163-173.

[16]冯德连，白一宏.长江经济带对外直接投资的逆向技术溢出效应与区域创新能力[J].安徽大学学报（哲学社会科学版），2021，45（1）：115-123.

[17]付保宗.加快构建长江经济带现代化产业体系[J].宏观经济管理，2019，（5）：78-83.

[18]付帼，卢小丽，武春友.中国省域绿色创新空间格局演化研究[J].中国软科学，2016（7）：89-99.

[19]傅强，黎秀秀.贸易开放度、产业结构升级与经济增长[J].工业技术经济，2014，33（3）：115-120.

[20]高良谋，李宇.企业规模与技术创新倒U关系的形成机制与动态拓展[J].管理世界，2009（8）：113-123.

[21]高寿华，严建苗.FDI与OFDI对技术创新的影响——基于空间溢出视角[J].技术经济与管理研究，2021（3）：23-28.

[22]耿焕煜.基于上市公司的我国高端装备制造业创新效率研究[D].合肥：合肥工业大学，2019.

[23]龚轶，顾高翔，刘昌新，等.技术创新推动下的中国产业结构进化[J].科学学研究，2013，31（8）：1252-1259.

[24]郭进.环境规制对绿色技术创新的影响——"波特效应"的中国证据[J].财贸经济，2019，40（3）：147-160.

[25]韩晶.中国高技术产业创新效率研究——基于SFA方法的实证分析[J].科学学研究，2010，28（3）：467-472.

[26]韩晶.中国区域绿色创新效率研究[J].财经问题研究，2012，No.348（11）：

130–137.

[27]韩孺眉，刘艳春.我国工业企业绿色技术创新效率评价研究[J].技术经济与管理研究，2017（5）：53–57.

[28]何宜庆，吴铮波.高等教育发展、技术创新水平与产业结构升级——基于长江经济带的空间效应研究[J].高校教育管理，2019，13（3）：79–88，96.

[29]何育静，蔡丹阳.长三角工业企业绿色技术创新效率及其影响因素分析[J].重庆社会科学，2021（1）：49–63.

[30]胡怡莎.环境规制和政府研发投入对企业绿色技术创新的影响研究[D].武汉：华中科技大学，2021.

[31]黄建欢，吕海龙，王良健.金融发展影响区域绿色发展的机理——基于生态效率和空间计量的研究[J].地理研究，2014，33（3）：532-545.

[32]黄磊，吴传清.长江经济带城市绿色技术创新效率及其动力机制研究[J].重庆大学学报（社会科学版），2021，27（1）：50–64.

[33]黄凌云，张宽.贸易开放提升了中国城市创新能力吗?——来自产业结构转型升级的解释[J].研究与发展管理，2020，32（1）：64–75.

[34]黄万华，王梦迪.长江经济带制造业绿色技术创新效率测度[J].统计与决策，2021，37（19）：61–63.

[35]黄小勇，刘斌斌.FDI方式选择及其对中国绿色技术创新的影响——基于采掘业数据的经验分析[J].宏观经济研究，2020（7）：11.

[36]黄亚飞.我国规上工业企业技术创新效率的评价及影响因素研究[D].大连：大连工业大学，2019.

[37]江三良，纪苗.技术创新影响产业结构的空间传导路径分析[J].科技管理研究，2019，39（13）：15–23.

[38]鞠立新..我国沿海地区对外直接投资的新态势和对策思路[J]. 福建论坛（人文社会科学版），2018（7）：159-167.

[39]孔群喜，陈慧，倪晔惠.中国企业OFDI逆向技术溢出如何提升绿色技术创新——基于长江经济带的经验证据[J].贵州财经大学学报，2019（4）：100-111.

[40]邝嫦娥,路江林.环境规制对绿色技术创新的影响研究——来自湖南省的证据[J].经济经纬,2019,36(2):126-132.

[41]类骁,武嘉祎,韩伯棠.高技术产业集聚视域下对外直接投资的绿色创新异质溢出效应研究[J].生态经济,2022,38(11):88-92.

[42]李兵,岳云嵩,陈婷.出口与企业自主技术创新:来自企业专利数据的经验研究[J].世界经济,2016,39(12):72-94.

[43]李广培,李艳歌,全佳敏.环境规制、R&D投入与企业绿色技术创新能力[J].科学学与科学技术管理,2018,39(11):61-73.

[44]李金滟,李泽宇,李超.城市绿色创新效率实证研究——来自长江中游城市群的证据[J].江西财经大学学报,2016(6):3-16.

[45]李林.工业企业技术创新效率评价研究[D].南昌:江西师范大学,2019.

[46]李平,田朔.出口贸易对技术创新影响的研究:水平溢出与垂直溢出——基于动态面板数据模型的实证分析[J].世界经济研究,2010(2):44-48,88.

[47]李圣宏.高新技术开发区技术创新效率测度及其空间扩散研究[D].南昌:江西财经大学,2016.

[48]李庭辉,董浩.基于LSTAR模型的技术创新与产业结构关系实证研究[J].中国软科学,2018(6):151-162.

[49]李婉红,毕克新,孙冰.环境规制强度对污染密集行业绿色技术创新的影响研究——基于2003—2010年面板数据的实证检验[J].研究与发展管理,2013,25(6):72-81.

[50]李晓钟.FDI对我国产业结构转型升级的影响[J].社会科学家,2014(9):6-12.

[51]李艳玲,潘杰义,陈玥希.基于DEA的企业技术创新效率评价研究[J].河北工业科技,2005(2):74-76.

[52]梁圣蓉,罗良文.国际研发资本技术溢出对绿色技术创新效率的动态效应[J].科研管理,2019,40(3):21-29.

[53]梁中,昂昊.中国绿色技术创新效率演化及其空间治理[J].财贸研究,2019,30(8):16-25,63.

[54]廖茂林，张燕.财税体制政策创新与长江经济带融合发展[J].银行家，2020（6）：50-52.

[55]凌丹，赖伟豪，刘慧岭.双向FDI技术溢出、技术进步与产业结构升级[J].武汉理工大学学报（社会科学版），2018，31（6）：62-69.

[56]刘斌斌，黄吉焱.FDI进入方式对地区绿色技术创新效率影响研究——基于环境规制强度差异视角[J].当代财经，2017（4）：10.

[57]刘和东.国际贸易与FDI技术溢出效应的实证研究——基于吸收能力与门槛效应的分析视角[J].科学学与科学技术管理，2012，33（2）：30-36.

[58]刘佳骏，李雪慧，史丹.中国碳排放重心转移与驱动因素分析[J].财贸经济，2013（12）：112-123.

[59]刘金全，魏阙.创新、产业结构升级与绿色经济发展的关联效应研究[J].工业技术经济，2020，39（11）：28-34.

[60]刘敏楼，黄旭，孙俊.数字金融对绿色发展的影响机制[J].中国人口·资源与环境，2022，32（6）：113-122.

[61]刘晓慧，刘西国.企业技术创新效率的影响因素：现状与展望[J].武汉商学院报，2019，33（1）：26-30.

[62]刘耀彬，胡凯川，喻群.金融深化对绿色发展的门槛效应分析[J].中国人口·资源与环境，2017，27（9）：205-211.

[63]刘在洲，汪发元.绿色科技创新、财政投入对产业结构升级的影响——基于长江经济带2003—2019年数据的实证分析[J].科技进步与对策，2021，38（4）：53-61.

[64]陆玉麒，董平.新时期推进长江经济带发展的三大新思路[J].地理研究，2017，36（4）：605-615.

[65]栾申洲.对外贸易、外商直接投资与产业结构优化[J].工业技术经济，2018，37（1）：86-92.

[66]伦晓波，刘颜.数字政府、数字经济与绿色技术创新[J].山西财经大学学报，2022，44（4）：1-13.

[67] 罗良文，梁圣蓉.中国区域工业企业绿色技术创新效率及因素分解[J].中国人口·资源与环境，2016，26（9）：149-157.

[68] 马大来，赵娜，李青松.长江经济带工业绿色创新效率的时空演化及其影响因素研究[J].生态经济，2022，38（2）：43-50，58.

[69] 马勇，刘军.长江中游城市群产业生态化效率研究[J].经济地理，2015（6）：124-129.

[70] 缪陆军，陈静，范天正，吕雁琴.数字经济发展对碳排放的影响——基于278个地级市的面板数据分析[J/OL].南方金融：1-14[2022-04-01].

[71] 聂秀华，吴青.对外直接投资的逆向绿色技术溢出效应真的存在吗?[J].管理现代化，2020，40（2）：7-11

[72] 欧雪银.产业结构高级化促进"制造服务业"创造国际竞争优势研究[J].社会科学家，2019（4）：54-63.

[73] 潘锡杨，李建清.科技伦理视域下的绿色技术创新研究[J].自然辩证法研究，2014（6）：82-88.

[74] 庞娟，靳书默，朱沛宇.外部网络关系对绿色技术创新的影响——促进抑或抑制[J].科技进步与对策，2019，36（10）：1-10.

[75] 裴潇，蒋安璇，叶云，等.民间投资、环境规制与绿色技术创新——长江经济带11省市空间杜宾模型分析[J].科技进步与对策，2019，36（8）：44-51.

[76] 彭近新.全球绿色低碳发展与中国发展方式转型[J].环境科学与技术，2012，35（1）：1-12.

[77] 彭日铭.政府补贴、企业数字化与技术创新效率[D].南京：南京邮电大学，2022.

[78] 彭硕毅，张营营.区域数字经济发展与企业技术创新——来自A股上市公司的经验证据[BJ/OL].财经论丛：1-14[2022-04-06].

[79] 平新乔，郑梦圆，曹和平.中国碳排放强度变化趋势与"十四五"时期碳减排政策优化[J].改革，2020（11）：37-52.

[80] 朴英爱，于鸿.对外直接投资逆向技术溢出对中国技术创新能力的影响——基于门槛效应的实证研究[J]山西大学学报（哲学社会科学版），2022，45（4）：

135-145.

[81]钱丽,肖仁桥,陈忠卫.我国工业企业绿色技术创新效率及其区域差异研究——基于共同前沿理论和DEA模型[J].经济理论与经济管理,2015,289(1):26-43.

[82]冉启英,杨小东.国际技术溢出对绿色技术创新效率的影响研究——基于空间视角下制度调节作用的非线性检验[J].华东经济管理,2020,34(2):30-41.

[83]沙文兵.对外直接投资、逆向技术溢出与国内创新能力——基于中国省际面板数据的实证研究[J].世界经济研究,2012(3):69-74,89.

[84]邵小彧,翁宗源,苗青松,等.区域绿色技术创新产出网络演化及要素分析——来自长江经济带城市群的证据[J].地理与地理信息科学,2022,38(4):40-49.

[85]沈能,周晶晶.技术异质性视角下的我国绿色创新效率及关键因素作用机制研究:基于Hybrid DEA和结构化方程模型[J].管理工程学报,2018,32(4):46-53.

[86]石映昕,杨云霞.协同创新、产业结构升级与绿色经济效率[J].云南财经大学学报,2023,39(1):1-17.

[87]史长宽.国际资本和贸易影响绿色技术创新的机理分析[J].中国经贸导刊(中),2019(3):22-23.

[88]宋洋.数字经济、技术创新与经济高质量发展:基于省级面板数据[J].贵州社会科学,2020(12):105-112.

[89]苏竣,张煜.海南省科技创新与区域经济的耦合协调分析[J].科技管理研究,2021,41(14):1-9.

[90]苏梽芳,廖迎,李颖.是什么导致了"污染天堂":贸易还是FDI?——来自中国省级面板数据的证据[J].经济评论,2011(3):97-104,116.

[91]孙丽.中日贸易结构的变化对中国产业结构转型升级的影响[J].东北亚论坛,2019,28(6):95-111,125.

[92]孙瑞.OFDI逆向技术溢出对技术创新能力的影响研究[D].蚌埠:安徽财经大学,2022.000427.

[93]孙丝雨,安增龙.两阶段视角下国有工业企业绿色技术创新效率评价——基于网

络EBM模型的分析[J].财会月刊,2016,783(35):20-25.

[94]孙燕铭,谌思邈.长三角区域绿色技术创新效率的时空演化格局及驱动因素[J].地理研究,2021,40(10):2743-2759.

[95]孙振清,李欢欢,刘保留.空间关联视角下协同创新效率对区域碳减排的影响研究[J].大连理工大学学报(社会科学版),2021,42(5):23-32.

[96]孙智君,李萌.新时代中国共产党的长江经济带发展战略研究[J].重庆社会科学,2020(12):2,28-44.

[97]谭丽.对外直接投资逆向技术溢出对长江经济带自主创新的影响研究[D].重庆:重庆工商大学,2022.

[98]陶长琪,王慧芳.OFDI逆向技术溢出对长三角地区全要素能源效率的影响[J].研究与发展管理,2018(3):100-110.

[99]田红彬,郝雯雯.FDI,环境规制与绿色创新效率[J].中国软科学,2020(8):10.

[100]田红娜,李金波.基于行业异质性的制造业绿色技术创新能力演化研究——兼论企业研发资金投入的影响[J].科技进步与对策,2020,37(17):63-72.

[101]万程成.我国科技创新与实体经济协同发展评价研究[J].技术经济与管理研究,2020(11):20-25.

[102]汪发元,郑军.科技创新、金融发展对产业集聚的影响——基于长江经济带数据的空间杜宾模型分析[J].科技进步与对策,2020,37(13):45-53.

[103]汪芳,柯皓天.FDI促进我国产业结构升级的路径研究——基于结构方程模型[J].北京邮电大学学报(社会科学版),2018,20(1):66-75.

[104]王超.传媒上市公司技术创新效率及其影响因素实证研究[D].杭州:浙江财经大学,2015.

[105]王锋正,姜涛,郭晓川.政府质量、环境规制与企业绿色技术创新[J].科研管理,2018,39(1):26-33.

[106]王洪庆,张莹.贸易结构升级、环境规制与我国不同区域绿色技术创新[J].中国软科学,2020(2):174-181.

[107]王静.FDI促进中国各地区产业结构优化的门限效应研究[J].世界经济研究,2014

（3）：73-79，89.

[108]王静.FDI技术溢出对我国产业结构优化的影响——基于PVAR的分析[J].经济与管理，2013，27（9）：63-69.

[109]王丽，张岩，高国伦.环境规制、技术创新与碳生产率[J].干旱区资源与环境，2020，34（3）：1-6.

[110]王欣欣.风险投资、研发投入与我国绿色技术创新[J].工业技术经济，2021，40（7）：23-27.

[111]王翌秋，郭冲.长江经济带绿色金融与产业绿色发展耦合协调研究[J].河海大学学报（哲学社会科学版），2022，24（2）：53-59，110-111.

[112]王志平.我国区域绿色技术创新效率的时空分异与仿真模拟[D].南昌：江西财经大学，2013.

[113]卫冠洋.FDI和环境规制对中国绿色技术创新效率的影响研究[D].大连：东北财经大学，2020.

[114]卫平，陈佳.OFDI对中国技术创新的实证分析——基于市场化制度视角[J].工业技术经济，2021，40（8）：3-13.

[115]卫平，张玲玉.不同的技术创新路径对产业结构的影响[J].城市问题，2016（4）：52-59.

[116]吴传清，邓明亮.科技创新、对外开放与长江经济带高质量发展[J].科技进步与对策，2019，36（3）：33-41.

[117]吴敬琏.中国增长模式抉择[M].上海：上海远东出版社，2008.

[118]吴晓波，曾瑞设.中国对外直接投资对母国技术创新的影响：基于高技术行业面板数据的分析[J].西安电子科技大学学报（社会科学版），2013，23（5）：43-52.

[119]武力超，丛姗，林澜，等.出口对企业绿色技术创新的理论与实证研究[J].南方经济，2022（8）：52-72.

[120]武力超，王锐，方心怡，等.绿色信贷政策与出口企业绿色技术创新[J].研究与发展管理，2022，34（4）：66-80.

[121]冼国明,严兵.FDI对中国创新能力的溢出效应[J].世界经济,2005(10):18-25.

[122]肖权,赵路.异质性环境规制,FDI与中国绿色技术创新效率[J].现代经济探讨,2020(4):12.

[123]肖雁飞,廖双红,王湘韵.技术创新对中国区域碳减排影响差异及对策研究[J].环境科学与技术,2017,40(11):191-197.

[124]谢云飞.数字经济对区域碳排放强度的影响效应及作用机制[J].当代经济管理,2022,44(2):68-78.

[125]邢孝兵,徐洁香,李子怡.出口商品结构对全球技术创新空间差异的影响研究[J].财贸研究,2018,29(8):39-48.

[126]徐敏丽,陈雪雯.环境规制,FDI与中国工业绿色技术创新效率[J].经济研究导刊,2021,000(32):40-46.

[127]徐维祥,周建平,刘程军.数字经济发展对城市碳排放影响的空间效应[J].地理研究,2022,41(1):111-129.

[128]闫华飞,肖静,冯兵.长江经济带工业绿色技术创新效率评价及其影响因素分析[J].统计与决策,2022,38(12):96-101.

[129]闫华飞,肖静,冯兵.长江经济带工业绿色技术创新效率的时空分异研究[J].重庆社会科学,2020(3):8-19.

[130]杨波,任飞.双向FDI对经济高质量发展的空间溢出效应研究[J].软科学,2023,37(11):65-74.

[131]杨朝均,张广欣,毕克新.对外直接投资对工业企业绿色创新路径演化的影响研究[J].软科学,2019,33(7):63-69,93.

[132]杨丹萍,杨丽华.对外贸易、技术进步与产业结构升级:经验、机理与实证[J].管理世界,2016(11):172-173.

[133]姚佐文,陈信伟.滞后效应视角下的FDI、R&D对我国技术创新能力的影响及演变[J].预测,2012,31(2):44-49.

[134]易靖韬.企业异质性、市场进入成本、技术溢出效应与出口参与决定[J].经济研

究，2009，44（9）：106-115.

[135]易明.长江经济带绿色全要素生产率的时空分异特征研究[J].管理世界，2018，34（11）：178-179.

[136]尹礼汇，孟晓倩，吴传清.环境规制对长江经济带制造业绿色全要素生产率的影响[J].改革，2022（3）：101-113.

[137]游达明，黄曦子.长江经济带省际工业生态技术创新效率评价[J].经济地理，2016，36（9）：128-134.

[138]于树江，王云胜，曾建丽，等.创新价值链下京津冀高技术产业技术创新效率及驱动要素研究[J].科学决策，2021（7）：77-90.

[139]余壮雄，陈婕，董洁妙.通往低碳经济之路：产业规划的视角[J].经济研究，2020，55（5）：116-132.

[140]袁华锡，刘耀彬，封亦代.金融集聚如何影响绿色发展效率？——基于时空双固定的SPDM与PTR模型的实证分析[J].中国管理科学，2019，27（11）：61-75.

[141]袁茜，吴利华，张平.长江经济带一体化发展与高技术产业研发效率[J].数量经济技术经济研究，2019，36（4）：46-61.

[142]张峰，史志伟，宋晓娜，等.先进制造业绿色技术创新效率及其环境规制门槛效应[J].科技进步与对策，2019，36（12）：62-70.

[143]张海欣.新能源企业技术创新效率评价研究[D].西安：西安科技大学，2020.

[144]张宏，李拯非.OFDI逆向技术溢出、制度创新与中国经济高质量发展——基于30省际面板数据的空间效应分析[J].山东大学学报（哲学社会科学版），2022（3）：115-127.

[145]张洪潮，李芳，张静萍.资源型区域工业企业两阶段技术创新效率评价——基于绿色增长视角[J].科技管理研究，2017，37（8）：69-76.

[146]张江雪，张力小，李丁.绿色技术创新：制度障碍与政策体系[J].中国行政管理，2018（2）：153-155.

[147]张江雪，朱磊.基于绿色增长的我国各地区工业企业技术创新效率研究[J].数量

经济技术经济研究，2012，29（2）：113-125.

[148]张婕，王凯琪，张云.碳排放权交易机制的减排效果——基于低碳技术创新的中介效应[J/OL].软科学：1-12[2022-04-02].

[149]张娟，耿弘，徐功文，等.环境规制对绿色技术创新的影响研究[J].中国人口·资源与环境，2019，29（1）：168-176.

[150]张辽，黄蕾琼.中国工业企业绿色技术创新效率的测度及其时空分异特征：基于改进的三阶段SBM-DEA模型分析[J].统计与信息论坛，2020，35（12）：50-61.

[151]张林.创新补贴与企业技术创新效率研究[D].武汉：中南财经政法大学，2019.

[152]张鹏，邹家骏.FDI与产业结构变迁——来自中国的经验证据[J].产业经济评论，2019（3）：5-20.

[153]张倩.环境规制对绿色技术创新影响的实证研究——基于政策差异化视角的省级面板数据分析[J].工业技术经济，2015，34（7）：10-18.

[154]张婷婷，江小国.对外开放能否推动长江经济带产业结构升级?——基于技术创新中介效应的实证研究[J].兰州财经大学学报，2019，35（1）：13-22.

[155]张伟，李虎林，安学兵.利用FDI增强我国绿色创新能力的理论模型与思路探讨[J].管理世界，2011（12）：170-171.

[156]张文彬，李国平.中国区域经济增长及可持续性研究：基于脱钩指数分析[J].经济地理，2015（11）：8-14.

[157]张旭，王宇.环境规制与研发投入对绿色技术创新的影响效应[J].科技进步与对策，2017，34（17）：111-119.

[158]张亚萍，朱录，胡兰丽.技术市场对重大科技创新影响的实证分析——技术输出与技术吸纳视角[J].科技进步与对策，2020，37（19）：24-31.

[159]张治栋，李发莹.基础设施、空间溢出与产业结构升级——基于长江经济带地级市的实证分析[J].云南财经大学学报，2019，35（5）：55-63.

[160]赵宏中，黄品涛.环境规制、研发投入对绿色技术创新的影响研究[J].北京邮电大学学报（社会科学版），2020，22（2）：67-75.

[161]赵娟.创新驱动对经济增长形成惯性发展了吗——基于44个国家的研究[J].广东财经大学学报，2021，36（5）：52-60.

[162]郑明贵，郑雯芳，尤碧莹.OFDI对企业绿色创新的影响研究[J/OL].管理现代化，2022（6）：99-105[2023-01-01].

[163]郑小凤.FDI对技术创新的影响及其制约因素分析[D].泉州：华侨大学，2015.

[164]郑志强.FDI、技术创新与产业结构优化——基于省际面板数据的实证分析[J].西安建筑科技大学学报（社会科学版），2019，38（1）：56-64.

[165]周慧颖，王世进.环境规制下OFDI对绿色技术创新的影响——基于长江经济带的实证研究[J].科技与经济，2020，33（6）：26-30.

[166]朱慧明，张中青扬，吴昊，等.创新价值链视角下制造业技术创新效率测度及影响因素研究[J].湖南大学学报（社会科学版），2021，35（6）：37-45.

[167]朱洁西，李俊江.高质量发展阶段中国对外直接投资的创新效应研究——基于逆向技术溢出的视角[J].科技管理研究，2022，42（7）：53-60.

[168]朱严林，许敏.对外直接投资逆向技术溢出对我国高技术产业技术创新的影响研究[J].科技管理研究，2015，35（3）：81-86.

[169]邹武鹰，亓朋，许和连.出口贸易对我国技术创新的影响效应研究[J].湖南大学学报（社会科学版），2008（4）：57-63.

[170]ACEMOGLU D, AGHION P, HEMOUS B D. The Environment and Directed Technical Change[J]. The American Economic Review,2012，102（1）：131-166.

[171]AFRIAT S N.Efficiency estimation of production functions [J].International Economic Review，1972，13（3）：568-598.

[172]AGUILERA-CARACUEL J, ORTIZ-DE-MANDOJANA N.Green innovation and financial performance：An institutional approach [J].Organization& Environment，2013，26（4）：365-385.

[173]AIGNER D, LOVELL C SCHMIDT P.Formulation and Estimation of Stochastic Frontier production Function Models[J].Journal of Econometrics,1977,6（1）：21-37.

[174]AITKEN B J, HARRISON A E. Do domestic firms benefit from direct foreign investment? Evidence from Venezuela[J]. The American Economic Review, 1999, 89（3）: 605-618.

[175]ANTHONY A, REONE K. Measuring Eco-innovation [J]. United Nations University, 2009（17）: 3-40.

[176]AUDRETSCH D, FELDMAN M.Innovative clusters and the industry life cycle[J]. Review of industrial organization, 1996, 11（2）: 253-273.

[177]BACKER K D,SLEUWAEGEN L. Does foreign direct investment crowd out domestic entrepreneurship[J]. Review of Industrial Organization,2003, 22（1）: 67-84.

[178]BANKER R D, MOREY R C. Efficiency analysis for exogenously fixed inputs and outputs[J].Operations Research, 1986, 34（4）: 513-522.

[179]BLOMSTROM M, SJOHOLM F. Technology transfer and spillovers: does local participation with multinationals matter? [J]. European Economic Review, 1999（43）: 915-923.

[180]BRAUN E,WIELD D. Regulation as a means for the social control of technology. Technology Analysis&Strategic Management,1994, 6（3）: 259-272.

[181]CAI W G, LI G P. The Drivers of Eco- innovation and Ilts Impact on Performance Evidence from China[J]. Joumal of Cleaner Production,2018（176）: 110-118.

[182]CHANG Y F, LIN S J. Structural Decomposition of Industrial CO_2 Emission in Taiwan [J]. Energy Policy, 1998, 26（1）: 5-12.

[183]CHARNES A, COOPER W W, RHODES E. Measuring the efficiency of decision making. units. European Journal of Operational Research, 1978（2）: 429-444.

[184]WANG B, ZHANG Q, WANG F. Using DEA to evaluate firm produc tive efficiency with environmental performance[J].Control&Decision, 2002, 17（1）: 24-28.

[185]CHEN Xiaoqing, LIU Xinwang, WU Qun, et al. Measuring technological innovation efficiency using interval type-2 fuzzy super-efficiency slack-based measure approach[J]. Engineering Applications of Artificial Intelligence, 2022（116）: 105.

[186]CHEN Y S, LAI S B, WEN C T.The influence of green innovation performance on corporate advantage in Taiwan[J].Journal of Business Ethics, 2006, 67（4）: 331-339.

[187]CHUNG Y H, FARE R, GROSSKOPF S. Productivity and Undesirable Outputs: A Directional Distance Function Approach[J]. Journal of Environmental Management, 1997,51（3）: 229-240.

[188]DESAI M A, FOLEY C F, HINES J R. Foreign direct investment and the domestic capital stock[J]. American Economic Review, 2005（95）: 33-38.

[189]FARE R, LOVELL C A K. Measuring the Technical Efficiency of Production[J]. Journal of Economic Theory, 1978, 19（1）: 150-162.

[190]FERREIRA J, FERNANDES C I, FERREIRA F. To be or not to be digital,that is the question: Firm innovation and performance[J]. Journal of Business Research,2019（101）: 583-590.

[191]FORES, BEATRIZ, CAMISON, et al. Does incremental and radical innovation performance depend on different types of knowledge accumulation capabilities and organizational size? [J]. Journal of Business Research, 2016, 69（2）: 831-848.

[192]FUSSLER C, JAMES P. Driving eco-innovation: A breakthrough discipline for innovation and sustainability[J]. Pitman Pub, 1996, 6（5）: 297-297.

[193]GHODESWAR B, VAIDYANATHAN J. Business process outsourcing: an approach to gain access to world-class capabilities[J]. Business Process Management Journal, 2008（14）: 23-28.

[194]GRLICHES ZVI.Patent Statistics as Economic Indicators: a Survey[J]. Journal of Economic Literature, 1990（12）: 16-61.

[195]GROSSMAN G M, KRUEGER A B. Environmental Impacts of a North American Free Trade Agreement [J]. Social Science Electronic Publishing, 2000, 8（2）: 223-250.

[196]HADDAD M, HARRISON A. Are there positive spillovers from FDI? Evidence from

panel data for Morocco[J]. Journalof Development Economics, 1993（42）: 51-74.

[197]HU A G Z, JEFFERSON G H. FDI impact and spillover: evidence from China's electronic and textile industries[J]. World Economy,2002, 25（8）: 1063-1076.

[198]HUD M, HUSSINGER K. The impact of R&D subsidies during the crisis[J]. Research Policy,2015, 44（10）: 1844-1855.

[199]KAFOUROS M I. The impact of the Internet on R&D efficiency: theory and evidence [J]. Technovation, 2006, 26（7）: 827-835.

[200]KESIDOU, E, DEMIREL P.On the Drivers of Eco-Innovations: Empirical Evidence from theUK[J]. Research Policy, 2012, 41（5）: 862-870.

[201]GREUNZ. L Industrial Structure and Innovation Evidence From European Regions[J]. Journal of Evolutionary Economics, 2004（5）: 936-937.

[202]LAHORGUE M A, CUNHA DA N.Introduction of innovations in the industrial structure of a developing region: the case of the Porto Alegre Technopole "Home Brokers" Project[J].International of technology management& stainable development,2004, 2（3）: 191-204.

[203]LEE S, PARK G, YOON B, et al. Open innovation in SMEs: An intermediated network model [J]. Research Policy,2010, 39（2）: 290-300.

[204]LE EK H, MIN B. Green R&D for Ecoinnovation and Its Impacton Carbon Emissions and FirmPerformance, Joumal of Cleaner Production,2015（108）: 534-542.

[205]LI D, ZENG T. Are China's intensive pollution industries greening?An analysis based on green innovation efficiency[J].Journal of Cleaner Production,2020（259）: 120-125.

[206]LIU Liyun, et al.Structural breakpoints in the relationship between outward foreign direct investment and green innovation: An empirical study in China[J]. Energy Economics, 2021（103）: 105-107.

[207]LIU Pengzhen, et al.Analysis on Spatio-Temporal Characteristics and Influencing Factors of Industrial Green Innovation Efficiency—From the Perspective of Innovation

Value Chain[J]. Sustainability, 2012, 14（1）: 11–15.

[208]LUCAS ROBERT E. On the mechanics of economic development[J]. Journal of Monetary Economics,1988, 22（1）: 3–42.

[209]KOHTAMAKI M, PARIDA V, OGHAZI P, et al. Digital servitization business models in ecosystems: A theory of the firm[J]. Journal of Business Research,2019（104）: 380–392.

[210]MEEUSEN W, BROECK J. Efficiency Estimation from Cobb–Douglass Production Functions with Composed Error[J].International Economic Review,1977, 18（2）: 435–444.

[211]MICHEAEL E. Porter and Claas van der Linde. Toward a New Conception of the Environment-Competitiveness Relationship[J]. The Journal of Economic Perspectives,1995, 9（4）: 97–118.

[212]MICHEAEL Peneder.Industrial Structure and Aggregate Growth[J]. Structural Change and Economic Dynamics, 2003, （14）: 427–448.

[213]MIRATA M,EMTAIRAH T. Industrial symbiosis networks and the contribution to environmental innovation[J]. Journal of Cleaner Production,2005, 13（10–11）: 993–1002.

[214]MOHTADI H. Environment,growth,and optimal policy design[J]. Journal of public economics, 1996, 63（1）: 119–140.

[215]NAIR M, MADHAVAN K, VENGEDASLAM D. The Effect of Trade on Manufacturing Industry inMalaysia: Strategies to Enhance its Competitiveness[J]. International Journal of Management, 2006, 23（4）: 878–893.

[216]PAUL M, ROMER. Increasing Returns and Long-Run Growth[J]. Journal of Political Economy,1986, 94（5）: 1002–1037.

[217]PENG H, LIU Y. How government subsidies promote the growth of entrepreneurial companies in clean energy industry: An empirical study in China[J]. Joumnal of Cleaner Production, 2018, 188（1）: 508–520.

[218]RAMANATHAN R. Estimating Energy Consumption of Transport Modes in India Using DEA and Application[J].International Journal of Global Energy Issues, 2002, 17(3): 214.

[219]ROMIJN H,ALBALADEJO M. Determinants of innovation capability in small electronics and software firms in southeast England[J]. Research Policy,2002, 31(7): 1053-1067.

[220]TANNA S. The impact of foreign direct investment on total factor productivity growth: International evidence from the banking industry[J].Managerial Finance, 2009, 35(3): 297-311.

[221]TONE K. Dealing with Undesirable Outputs in DEA: A Slacks-Based Measure (SBM) Approach[J]. GRIPS Research Report Series, 2003(3): 44-45.

[222]SUEYOSHI T, GOTO M. DEA Approach for Unified Efficiency Measurement: Assessment of Japanese Fossil Fuel Power Generation[J]. Energy Economics, 2011, 33(2): 292-303.

[223]BOSETTI V, CARRORO C, WITCH M G. A world induced technical change hybrid model [R].workingpaper, 2006: 46.

[224]WANG F, ZHANG B. Distributional incidence of green electricity price subsidies in China[J]. Energy Policy, 2016(88): 27-38.

[225]XIANG W, CHEN X, ZHANG F.The diffusion of green technology innovation based on cloud platform for energy saving[J].Ekoloji, 2019, 28(107): 1641-1650.

[226]YANG Z,SHAO S,YANG L,et al. Differentiated effects of diversified technological sources on energy-saving technological progress: empirical evidence from China's industrial sectors[J]. Renewable & Sustainable Energy Reviews,2016(8): 1379-1388.

[227]YIN J, ZHENG M, Chen J. The effects of environmental regulation and technical progress on CO2Kuznets curve: an evidence from China[J]. Energy policy, 2015(77): 97-108.

[228]YUE S,YANG Y,HU Y. Does foreign direct investment affect green growth? evidence from China's experience[J]. Sustainability,2016，8（2）：158.

[229]ZOFIO J L, PRIETO A M.Environmental Efficiency and Regulatory Standards： The Case of CO_2 Emissions from OECD Industries[J]. Resource and Energy Economics，2001，23（1）：63-83.

附录1 长江经济带技术创新效率

区域	年份	第一阶段传统效率	第一阶段绿色效率	第二阶段效率	基于主成分法测算的绿色技术水平
上海	2011	0.199 0	0.217 9	0.145 3	0.182 9
上海	2012	0.198 3	0.221 4	0.156 7	0.188 6
上海	2013	0.200 2	0.229 0	0.162 3	0.194 6
上海	2014	0.188 6	0.226 9	0.178 3	0.197 0
上海	2015	0.244 3	0.286 5	0.201 1	0.242 0
上海	2016	0.295 0	0.354 7	0.230 8	0.291 4
上海	2017	0.329 4	0.475 4	0.250 1	0.358 0
上海	2018	0.376 6	0.551 6	0.328 0	0.425 6
上海	2019	0.437 2	0.683 4	0.380 7	0.512 6
上海	2020	0.491 9	0.806 2	0.433 2	0.596 5
江苏	2011	0.674 7	0.641 5	0.346 6	0.542 6
江苏	2012	0.829 4	0.785 0	0.425 3	0.667 2
江苏	2013	0.826 6	0.786 2	0.441 0	0.670 9
江苏	2014	0.684 2	0.662 1	0.433 6	0.585 1
江苏	2015	0.685 2	0.668 6	0.493 0	0.612 1
江苏	2016	0.786 7	0.769 6	0.513 9	0.682 0
江苏	2017	0.786 9	0.781 4	0.561 5	0.702 8
江苏	2018	0.891 9	0.889 1	0.673 5	0.812 7
江苏	2019	0.872 0	0.873 6	0.769 7	0.833 0
江苏	2020	1.000 0	1.000 0	1.000 0	1.000 0
浙江	2011	0.450 0	0.433 0	0.198 5	0.353 2
浙江	2012	0.590 6	0.566 0	0.251 2	0.460 5
浙江	2013	0.651 5	0.624 2	0.272 8	0.506 4
浙江	2014	0.547 4	0.533 8	0.272 3	0.446 8

续表

区域	年份	第一阶段传统效率	第一阶段绿色效率	第二阶段效率	基于主成分法测算的绿色技术水平
浙江	2015	0.611 8	0.594 5	0.317 8	0.504 7
浙江	2016	0.751 3	0.736 0	0.337 4	0.598 7
浙江	2017	0.694 9	0.692 7	0.365 4	0.577 9
浙江	2018	0.782 1	0.778 1	0.469 6	0.671 3
浙江	2019	0.721 0	0.729 0	0.532 8	0.659 0
浙江	2020	0.794 6	0.803 8	0.688 9	0.762 8
安徽	2011	0.232 6	0.230 8	0.063 6	0.167 3
安徽	2012	0.324 5	0.317 2	0.081 3	0.229 4
安徽	2013	0.359 2	0.354 8	0.098 8	0.259 1
安徽	2014	0.354 6	0.354 1	0.109 7	0.261 7
安徽	2015	0.460 5	0.454 9	0.124 5	0.331 6
安徽	2016	0.629 8	0.620 3	0.138 4	0.440 1
安徽	2017	0.593 4	0.598 2	0.150 3	0.427 8
安徽	2018	0.669 7	0.679 6	0.186 7	0.491 5
安徽	2019	0.474 0	0.509 1	0.232 1	0.395 5
安徽	2020	0.533 7	0.572 0	0.293 6	0.456 6
江西	2011	0.006 3	0.032 2	0.026 3	0.022 8
江西	2012	0.040 2	0.068 1	0.033 5	0.047 7
江西	2013	0.079 3	0.108 3	0.040 7	0.075 5
江西	2014	0.177 1	0.202 4	0.049 4	0.138 1
江西	2015	0.281 0	0.301 3	0.062 6	0.206 2
江西	2016	0.477 4	0.491 9	0.076 3	0.331 6
江西	2017	0.462 3	0.482 3	0.085 3	0.327 4
江西	2018	0.447 1	0.468 9	0.109 8	0.328 6
江西	2019	0.393 5	0.425 2	0.129 0	0.306 5

附录1 长江经济带技术创新效率

续表

区域	年份	第一阶段传统效率	第一阶段绿色效率	第二阶段效率	基于主成分法测算的绿色技术水平
江西	2020	0.428 7	0.464 6	0.159 4	0.341 7
湖北	2011	0.091 4	0.093 3	0.077 7	0.085 0
湖北	2012	0.116 9	0.120 5	0.100 8	0.109 7
湖北	2013	0.109 6	0.125 0	0.140 5	0.123 2
湖北	2014	0.134 5	0.152 3	0.174 4	0.150 3
湖北	2015	0.200 0	0.223 0	0.218 2	0.208 1
湖北	2016	0.280 2	0.307 4	0.247 3	0.269 1
湖北	2017	0.321 1	0.354 6	0.278 5	0.307 8
湖北	2018	0.342 7	0.384 3	0.328 8	0.342 6
湖北	2019	0.369 5	0.418 6	0.390 3	0.383 9
湖北	2020	0.404 1	0.445 5	0.440 0	0.419 7
湖南	2011	0.062 8	0.068 0	0.063 4	0.063 6
湖南	2012	0.077 4	0.085 5	0.078 7	0.080 2
湖南	2013	0.109 3	0.126 7	0.093 3	0.109 6
湖南	2014	0.116 5	0.138 1	0.106 6	0.120 7
湖南	2015	0.161 7	0.187 9	0.119 9	0.156 4
湖南	2016	0.213 3	0.243 7	0.129 7	0.194 0
湖南	2017	0.230 8	0.265 2	0.154 3	0.215 3
湖南	2018	0.270 0	0.306 9	0.182 3	0.251 1
湖南	2019	0.291 1	0.334 3	0.226 9	0.281 8
湖南	2020	0.333 5	0.381 7	0.285 2	0.330 7
重庆	2011	0.271 2	0.260 8	0.032 1	0.171 6
重庆	2012	0.291 2	0.284 4	0.038 8	0.188 8
重庆	2013	0.365 7	0.364 1	0.052 0	0.243 1
重庆	2014	0.374 7	0.375 5	0.066 0	0.254 3

续表

区域	年份	第一阶段传统效率	第一阶段绿色效率	第二阶段效率	基于主成分法测算的绿色技术水平
重庆	2015	0.565 8	0.570 1	0.068 7	0.378 7
重庆	2016	0.320 5	0.357 2	0.091 1	0.249 1
重庆	2017	0.300 6	0.343 5	0.078 4	0.235 7
重庆	2018	0.300 8	0.347 4	0.108 4	0.247 9
重庆	2019	0.260 4	0.322 9	0.101 1	0.228 8
重庆	2020	0.319 2	0.384 7	0.123 0	0.275 2
四川	2011	0.174 5	0.170 0	0.081 9	0.135 9
四川	2012	0.229 3	0.223 5	0.108 3	0.179 5
四川	2013	0.285 1	0.282 3	0.125 5	0.222 2
四川	2014	0.296 5	0.295 3	0.140 8	0.235 4
四川	2015	0.380 2	0.383 5	0.170 8	0.301 0
四川	2016	0.485 0	0.488 8	0.181 8	0.370 7
四川	2017	0.521 7	0.528 5	0.212 1	0.404 2
四川	2018	0.430 0	0.448 6	0.322 7	0.387 2
四川	2019	0.339 0	0.371 8	0.369 7	0.351 1
四川	2020	0.388 9	0.423 5	0.400 7	0.396 2
贵州	2011	0.140 4	0.116 6	0.000 0	0.066 9
贵州	2012	0.202 1	0.174 2	0.005 6	0.107 4
贵州	2013	0.332 7	0.295 0	0.012 7	0.187 2
贵州	2014	0.427 5	0.388 4	0.018 9	0.249 6
贵州	2015	0.292 7	0.275 2	0.027 1	0.178 7
贵州	2016	0.419 6	0.401 5	0.028 3	0.257 0
贵州	2017	0.493 4	0.478 2	0.044 5	0.311 1
贵州	2018	0.538 9	0.526 6	0.066 4	0.348 9
贵州	2019	0.450 3	0.451 6	0.085 1	0.307 1

附录1 长江经济带技术创新效率

续表

区域	年份	第一阶段传统效率	第一阶段绿色效率	第二阶段效率	基于主成分法测算的绿色技术水平
贵州	2020	0.456 0	0.459 5	0.099 4	0.317 5
云南	2011	0.000 0	0.000 0	0.012 0	0.000 0
云南	2012	0.024 7	0.025 4	0.023 0	0.019 6
云南	2013	0.061 4	0.066 7	0.028 8	0.047 0
云南	2014	0.083 6	0.088 9	0.034 2	0.062 8
云南	2015	0.099 7	0.106 0	0.040 2	0.076 3
云南	2016	0.158 5	0.165 7	0.045 7	0.115 6
云南	2017	0.180 3	0.191 8	0.056 7	0.135 1
云南	2018	0.232 9	0.245 5	0.067 3	0.172 9
云南	2019	0.188 0	0.215 7	0.087 4	0.159 1
云南	2020	0.250 4	0.276 1	0.092 6	0.196 4

附录2　长江经济带绿色技术创新效率因素分解

区域	年份	综合技术效率	纯技术效应	规模技术效应	状态
上海	2011	0.563	0.714	0.788	规模报酬递增
上海	2012	0.6350	0.7540	0.8420	规模报酬递增
上海	2013	0.6990	0.7750	0.9030	规模报酬递增
上海	2014	0.9090	0.9340	0.9740	规模报酬递减
上海	2015	0.7490	0.7730	0.9690	规模报酬递增
上海	2016	0.7110	0.7290	0.9750	规模报酬递增
上海	2017	0.6650	0.6920	0.9620	规模报酬递减
上海	2018	0.7600	0.8230	0.9230	规模报酬递减
上海	2019	0.7580	0.8520	0.8900	规模报酬递减
上海	2020	0.7460	0.8500	0.8790	规模报酬递减
江苏	2011	0.5870	0.6060	0.9690	规模报酬递增
江苏	2012	0.6720	0.6720	1.0000	规模报酬不变
江苏	2013	0.6420	0.6420	1.0000	规模报酬不变
江苏	2014	0.5980	0.6930	0.8620	规模报酬递增
江苏	2015	0.6870	0.7570	0.9080	规模报酬递增
江苏	2016	0.6370	0.7050	0.9040	规模报酬递增
江苏	2017	0.7020	0.7450	0.9420	规模报酬递增
江苏	2018	0.7430	0.7810	0.9500	规模报酬递增
江苏	2019	0.9140	0.9170	0.9960	规模报酬递减
江苏	2020	1.0000	1.0000	1.0000	规模报酬不变
浙江	2011	0.366 0	0.5400	0.6780	规模报酬递增
浙江	2012	0.4370	0.5240	0.8350	规模报酬递增
浙江	2013	0.4510	0.5150	0.8750	规模报酬递增
浙江	2014	0.4300	0.5700	0.7550	规模报酬递增
浙江	2015	0.4860	0.5880	0.8260	规模报酬递增

附录2 长江经济带绿色技术创新效率因素分解

续表

区域	年份	综合技术效率	纯技术效应	规模技术效应	状态
浙江	2016	0.481 0	0.526 0	0.915 0	规模报酬递增
浙江	2017	0.494 0	0.578 0	0.855 0	规模报酬递增
浙江	2018	0.595 0	0.639 0	0.931 0	规模报酬递增
浙江	2019	0.702 0	0.738 0	0.951 0	规模报酬递增
浙江	2020	0.824 0	0.849 0	0.971 0	规模报酬递增
安徽	2011	0.171 0	0.484 0	0.354 0	规模报酬递增
安徽	2012	0.192 0	0.443 0	0.433 0	规模报酬递增
安徽	2013	0.215 0	0.442 0	0.487 0	规模报酬递增
安徽	2014	0.228 0	0.457 0	0.498 0	规模报酬递增
安徽	2015	0.251 0	0.417 0	0.602 0	规模报酬递增
安徽	2016	0.265 0	0.358 0	0.741 0	规模报酬递增
安徽	2017	0.270 0	0.380 0	0.710 0	规模报酬递增
安徽	2018	0.315 0	0.389 0	0.809 0	规模报酬递增
安徽	2019	0.384 0	0.523 0	0.734 0	规模报酬递增
安徽	2020	0.437 0	0.565 0	0.773 0	规模报酬递增
江西	2011	1.000 0	1.000 0	1.000 0	规模报酬不变
江西	2012	0.407 0	0.737 0	0.552 0	规模报酬递增
江西	2013	0.281 0	0.582 0	0.484 0	规模报酬递增
江西	2014	0.170 0	0.449 0	0.378 0	规模报酬递增
江西	2015	0.142 0	0.399 0	0.356 0	规模报酬递增
江西	2016	0.149 0	0.323 0	0.461 0	规模报酬递增
江西	2017	0.161 0	0.340 0	0.473 0	规模报酬递增
江西	2018	0.196 0	0.377 0	0.519 0	规模报酬递增
江西	2019	0.237 0	0.427 0	0.556 0	规模报酬递增
江西	2020	0.273 0	0.447 0	0.609 0	规模报酬递增
湖北	2011	0.516 0	0.816 0	0.632 0	规模报酬递增
湖北	2012	0.566 0	0.812 0	0.698 0	规模报酬递增

续表

区域	年份	综合技术效率	纯技术效应	规模技术效应	状态
湖北	2013	0.975 0	0.999 0	0.976 0	规模报酬递增
湖北	2014	1.000 0	1.000 0	1.000 0	规模报酬不变
湖北	2015	0.836 0	0.888 0	0.941 0	规模报酬递增
湖北	2016	0.666 0	0.760 0	0.876 0	规模报酬递增
湖北	2017	0.667 0	0.751 0	0.888 0	规模报酬递增
湖北	2018	0.768 0	0.816 0	0.941 0	规模报酬递增
湖北	2019	0.892 0	0.893 0	0.999 0	规模报酬递减
湖北	2020	0.899 0	0.919 0	0.978 0	规模报酬递增
湖南	2011	0.508 0	0.835 0	0.608 0	规模报酬递增
湖南	2012	0.592 0	0.841 0	0.704 0	规模报酬递增
湖南	2013	0.559 0	0.743 0	0.752 0	规模报酬递增
湖南	2014	0.638 0	0.773 0	0.826 0	规模报酬递增
湖南	2015	0.543 0	0.680 0	0.798 0	规模报酬递增
湖南	2016	0.453 0	0.597 0	0.759 0	规模报酬递增
湖南	2017	0.521 0	0.635 0	0.821 0	规模报酬递增
湖南	2018	0.541 0	0.637 0	0.849 0	规模报酬递增
湖南	2019	0.650 0	0.706 0	0.922 0	规模报酬递增
湖南	2020	0.722 0	0.755 0	0.957 0	规模报酬递增
重庆	2011	0.117 0	0.441 0	0.265 0	规模报酬递增
重庆	2012	0.128 0	0.427 0	0.300 0	规模报酬递增
重庆	2013	0.133 0	0.368 0	0.360 0	规模报酬递增
重庆	2014	0.161 0	0.383 0	0.419 0	规模报酬递增
重庆	2015	0.143 0	0.291 0	0.490 0	规模报酬递增
重庆	2016	0.192 0	0.410 0	0.469 0	规模报酬递增
重庆	2017	0.182 0	0.394 0	0.462 0	规模报酬递增
重庆	2018	0.257 0	0.440 0	0.584 0	规模报酬递增
重庆	2019	0.293 0	0.440 0	0.665 0	规模报酬递增

附录2 长江经济带绿色技术创新效率因素分解

续表

区域	年份	综合技术效率	纯技术效应	规模技术效应	状态
重庆	2020	0.293 0	0.429 0	0.682 0	规模报酬递增
四川	2011	0.282 0	0.674 0	0.419 0	规模报酬递增
四川	2012	0.315 0	0.642 0	0.490 0	规模报酬递增
四川	2013	0.309 0	0.577 0	0.535 0	规模报酬递增
四川	2014	0.329 0	0.588 0	0.559 0	规模报酬递增
四川	2015	0.359 0	0.548 0	0.656 0	规模报酬递增
四川	2016	0.358 0	0.485 0	0.738 0	规模报酬递增
四川	2017	0.393 0	0.502 0	0.784 0	规模报酬递增
四川	2018	0.566 0	0.720 0	0.786 0	规模报酬递增
四川	2019	0.887 0	0.920 0	0.964 0	规模报酬递增
四川	2020	0.860 0	0.894 0	0.961 0	规模报酬递增
贵州	2011	0.761 0	1.000 0	0.761 0	规模报酬递增
贵州	2012	0.110 0	0.675 0	0.163 0	规模报酬递增
贵州	2013	0.090 0	0.418 0	0.215 0	规模报酬递增
贵州	2014	0.099 0	0.340 0	0.290 0	规模报酬递增
贵州	2015	0.109 0	0.422 0	0.258 0	规模报酬递增
贵州	2016	0.104 0	0.334 0	0.312 0	规模报酬递增
贵州	2017	0.137 0	0.312 0	0.438 0	规模报酬递增
贵州	2018	0.186 0	0.320 0	0.580 0	规模报酬递增
贵州	2019	0.213 0	0.375 0	0.567 0	规模报酬递增
贵州	2020	0.241 0	0.391 0	0.617 0	规模报酬递增
云南	2011	0.171 0	1.000 0	0.171 0	规模报酬递增
云南	2012	0.219 0	0.886 0	0.247 0	规模报酬递增
云南	2013	0.186 0	0.693 0	0.269 0	规模报酬递增
云南	2014	0.185 0	0.650 0	0.285 0	规模报酬递增
云南	2015	0.199 0	0.612 0	0.325 0	规模报酬递增
云南	2016	0.160 0	0.529 0	0.303 0	规模报酬递增

续表

区域	年份	综合技术效率	纯技术效应	规模技术效应	状态
云南	2017	0.182 0	0.516 0	0.353 0	规模报酬递增
云南	2018	0.175 0	0.479 0	0.366 0	规模报酬递增
云南	2019	0.293 0	0.526 0	0.556 0	规模报酬递增
云南	2020	0.241 0	0.507 0	0.475 0	规模报酬递增

附录3　长江经济带传统技术创新效率因素分解

区域	年份	综合效率	纯技术效率	规模技术效率	状态
上海	2011	0.571	0.709	0.805	规模报酬递增
上海	2012	0.637	0.744	0.856	规模报酬递增
上海	2013	0.693	0.757	0.915	规模报酬递增
上海	2014	0.891	0.919	0.97	规模报酬递减
上海	2015	0.753	0.782	0.963	规模报酬递增
上海	2016	0.73	0.766	0.953	规模报酬递增
上海	2017	0.722	0.754	0.957	规模报酬递增
上海	2018	0.832	0.846	0.983	规模报酬递增
上海	2019	0.859	0.868	0.99	规模报酬递增
上海	2020	0.867	0.883	0.983	规模报酬递增
江苏	2011	0.632	0.632	1	规模报酬不变
江苏	2012	0.698	0.698	1	规模报酬不变
江苏	2013	0.652	0.652	1	规模报酬不变
江苏	2014	0.605	0.673	0.899	规模报酬递增
江苏	2015	0.686	0.731	0.939	规模报酬递增
江苏	2016	0.644	0.691	0.931	规模报酬递增
江苏	2017	0.701	0.729	0.962	规模报酬递增
江苏	2018	0.764	0.786	0.972	规模报酬递增
江苏	2019	0.903	0.915	0.988	规模报酬递减
江苏	2020	1	1	1	规模报酬不变
浙江	2011	0.443	0.562	0.789	规模报酬递增
浙江	2012	0.517	0.556	0.93	规模报酬递增
浙江	2013	0.525	0.547	0.96	规模报酬递增
浙江	2014	0.496	0.586	0.847	规模报酬递增
浙江	2015	0.549	0.608	0.903	规模报酬递增

续表

区域	年份	综合效率	纯技术效率	规模技术效率	状态
浙江	2016	0.557	0.563	0.989	规模报酬递增
浙江	2017	0.574	0.614	0.935	规模报酬递增
浙江	2018	0.679	0.684	0.992	规模报酬递增
浙江	2019	0.711	0.76	0.935	规模报酬递增
浙江	2020	0.853	0.882	0.967	规模报酬递增
安徽	2011	0.225	0.503	0.446	规模报酬递增
安徽	2012	0.261	0.463	0.564	规模报酬递增
安徽	2013	0.29	0.467	0.621	规模报酬递增
安徽	2014	0.306	0.484	0.632	规模报酬递增
安徽	2015	0.334	0.448	0.746	规模报酬递增
安徽	2016	0.358	0.395	0.906	规模报酬递增
安徽	2017	0.365	0.419	0.87	规模报酬递增
安徽	2018	0.427	0.439	0.971	规模报酬递增
安徽	2019	0.485	0.595	0.814	规模报酬递增
安徽	2020	0.58	0.65	0.892	规模报酬递增
江西	2011	1	1	1	规模报酬不变
江西	2012	0.409	0.749	0.546	规模报酬递增
江西	2013	0.298	0.609	0.49	规模报酬递增
江西	2014	0.179	0.486	0.369	规模报酬递增
江西	2015	0.198	0.441	0.448	规模报酬递增
江西	2016	0.235	0.364	0.645	规模报酬递增
江西	2017	0.25	0.384	0.65	规模报酬递增
江西	2018	0.298	0.431	0.693	规模报酬递增
江西	2019	0.324	0.487	0.665	规模报酬递增
江西	2020	0.386	0.52	0.742	规模报酬递增
湖北	2011	0.522	0.792	0.66	规模报酬递增
湖北	2012	0.578	0.796	0.726	规模报酬递增

附录3 长江经济带传统技术创新效率因素分解

续表

区域	年份	综合效率	纯技术效率	规模技术效率	状态
湖北	2013	0.97	0.983	0.987	规模报酬递增
湖北	2014	1	1	1	规模报酬不变
湖北	2015	0.863	0.93	0.927	规模报酬递增
湖北	2016	0.7	0.823	0.85	规模报酬递增
湖北	2017	0.702	0.828	0.847	规模报酬递增
湖北	2018	0.799	0.885	0.903	规模报酬递增
湖北	2019	0.933	0.978	0.954	规模报酬递增
湖北	2020	0.937	1	0.937	规模报酬递增
湖南	2011	0.526	0.832	0.632	规模报酬递增
湖南	2012	0.591	0.824	0.717	规模报酬递增
湖南	2013	0.57	0.754	0.756	规模报酬递增
湖南	2014	0.637	0.78	0.817	规模报酬递增
湖南	2015	0.559	0.708	0.79	规模报酬递增
湖南	2016	0.48	0.638	0.753	规模报酬递增
湖南	2017	0.546	0.675	0.809	规模报酬递增
湖南	2018	0.56	0.677	0.827	规模报酬递增
湖南	2019	0.672	0.755	0.891	规模报酬递增
湖南	2020	0.752	0.817	0.92	规模报酬递增
重庆	2011	0.16	0.44	0.364	规模报酬递增
重庆	2012	0.173	0.428	0.404	规模报酬递增
重庆	2013	0.187	0.384	0.488	规模报酬递增
重庆	2014	0.223	0.402	0.555	规模报酬递增
重庆	2015	0.207	0.315	0.656	规模报酬递增
重庆	2016	0.256	0.465	0.55	规模报酬递增
重庆	2017	0.213	0.444	0.48	规模报酬递增
重庆	2018	0.28	0.505	0.554	规模报酬递增
重庆	2019	0.318	0.51	0.623	规模报酬递增

续表

区域	年份	综合效率	纯技术效率	规模技术效率	状态
重庆	2020	0.319	0.515	0.621	规模报酬递增
四川	2011	0.351	0.691	0.509	规模报酬递增
四川	2012	0.405	0.662	0.612	规模报酬递增
四川	2013	0.402	0.607	0.663	规模报酬递增
四川	2014	0.427	0.621	0.687	规模报酬递增
四川	2015	0.474	0.596	0.795	规模报酬递增
四川	2016	0.477	0.537	0.889	规模报酬递增
四川	2017	0.515	0.558	0.923	规模报酬递增
四川	2018	0.734	0.806	0.911	规模报酬递增
四川	2019	0.921	0.983	0.936	规模报酬递增
四川	2020	0.889	0.95	0.936	规模报酬递增
贵州	2011	1	1	1	规模报酬不变
贵州	2012	0.17	0.672	0.254	规模报酬递增
贵州	2013	0.111	0.402	0.276	规模报酬递增
贵州	2014	0.135	0.341	0.397	规模报酬递增
贵州	2015	0.14	0.414	0.339	规模报酬递增
贵州	2016	0.137	0.332	0.413	规模报酬递增
贵州	2017	0.186	0.323	0.577	规模报酬递增
贵州	2018	0.259	0.342	0.759	规模报酬递增
贵州	2019	0.312	0.414	0.754	规模报酬递增
贵州	2020	0.354	0.437	0.81	规模报酬递增
云南	2011	0.199	1	0.199	规模报酬递增
云南	2012	0.245	0.895	0.273	规模报酬递增
云南	2013	0.195	0.693	0.282	规模报酬递增
云南	2014	0.202	0.66	0.306	规模报酬递增
云南	2015	0.207	0.619	0.334	规模报酬递增
云南	2016	0.187	0.552	0.339	规模报酬递增

附录3　长江经济带传统技术创新效率因素分解

续表

区域	年份	综合效率	纯技术效率	规模技术效率	状态
云南	2017	0.217	0.547	0.396	规模报酬递增
云南	2018	0.246	0.517	0.475	规模报酬递增
云南	2019	0.316	0.586	0.538	规模报酬递增
云南	2020	0.288	0.54	0.534	规模报酬递增

后记

本书从构思、查找数据、调研、模型的建立与运行到成稿、修改历经三年，本书的完成离不开学院领导、同事和朋友们的支持和帮助。

首先要感谢罗良文教授。罗老师是我的博士生导师，他带领我走进"绿色技术创新"这一研究主题的大门。罗老师正直豁达、严谨求实的学术态度一直深深地影响着我，虽然已经毕业六年，但是罗老师还是会不间断地进行"售后服务"，指导我的学术，鼓励我坚持理论学习，并经常在学术方向上对我进行引导。

其次我还要感谢经济学院院长陈文武教授和发展与规划处处长叶平浩教授。陈院长和叶处长为我完成本书提供了宽松、自由的学术环境，并时常激励我进行学术研究，并时常为我指点思路，非常感谢两位老师的支持。还要感谢王文娟副教授、吕侠副教授、潘颖老师、王曼纳老师经常和我一起探讨问题，感谢她们拓宽了我的思路，给我很多启发和灵感。同时感谢湖北省高等学校优秀中青年科技创新团队"基于不确定性环境的营商环境评价与政策研究"（T2020035）的所有老师们的帮助。

最后还要感谢我的爱人黄平利和儿子黄杰的帮助。

在未来的学术旅途中，我将谨记"商道惟诚，知行致远"的校训和"修身立本，经世济民"的院训，不断努力，不断进步。同时希望本书能够起到抛砖引玉的作用，期待更多学者更深入的研究。

梁圣蓉

2023年12月